NÄHEN MIT STOFFRESTEN

Neue Nähideen
für alle Gelegenheiten

KOLLEKTION KREATIV

NÄHEN MIT STOFFRESTEN

Neue Nähideen
für alle Gelegenheiten

KOLLEKTION KREATIV

INHALT

Die Restekiste   7

IDEEN FÜR HOBBYISTEN 8

Kleines Nadelmäppchen 10

Nützliche Hobbyschürze 12

Nähmaschinenhusse 14

Genähter Wollkorb 16

Nähideen-Buch 18

Kleines Näh-Etui 20

Nähtisch-Organizer 22

KUSCHELKISSEN 24

Patchwork-Birnen 26

Stuhlkissen mit Lehnen-Husse 28

Color-Blocking zum Kuscheln 30

Romantisch verhüllt 32

Patchwork-Bodenkissen 34

Weiche Stoffpilze 36

Bunte Berge 38

TASCHENTRÄUME 40

Bezaubernder Kosmetikbeutel 42

Shopper für die City 44

Hippe Filztasche 46

Handytasche für Romantiker 48

Patchwork im Jeans-Look 50

Leckerli-Beutel 52

Kühltasche fürs Picknick 54

Praktische Umhängetasche 56

Süße Taschentuchtaschen 58

Blumige Umtopf-Tasche 60

WUNDERVOLL WOHNEN 62

Wäscheklammerbeutel 64

Farbenfrohes Schlüsselband 66

Blumiger Türkranz 68

Kleine Stoffmäuse 70

Türwächter Waldi 72

Garage für die Fernbedienung 74

Schicker Schuhbeutel 76

Apfel-Türstopper 78

Kleine Vogelanhänger 80

Genähter Brotkorb 82

Bandana Kleiderbügel 84

Patchy Schildkröte 86

Eierwärmer glückliche Hühner 88

Tischset glückliche Hühner 90

Emil Eule 92

Wolken-Topflappen 94

Nützliche Ofenhandschuhe 96

Bandana-Lampenschirm 98

Tischdecke mit Patchworkbordüre 100

Gewickelte Bestecktasche 102

Fächerwand fürs Büro 104

Kreative Gartenschürze 106

Allgemeine Anleitung   108

Impressum   128

DIE RESTEKISTE

Wer regelmäßig näht, kennt sie nur zu gut – die heimische Restekiste. Hier landen alle übrig gebliebenen Stoffe, die nicht mehr für ein größeres Projekt genutzt werden können. Häufig sammeln sich in dieser Fundgrube echte Schätze, an denen ganz viel Herzblut hängt und die viel zu schade zum Wegwerfen sind.

Was aber soll mit diesen Kostbarkeiten gemacht werden? Es fehlen die zündenden Ideen für die liebevoll verwahrten Stöffchen. Entdecken Sie auf den kommenden Seiten kleinere und größere Projekte, die entweder komplett aus Stoffresten gemacht worden sind oder bei denen Sie kleinere Mengen gut mit verwerten können.

Starten Sie zunächst mit neuen Ideen für Hobbyisten und nähen Sie sich doch zum Beispiel eine praktische Hobbyschürze oder einen Nähtisch-Organizer.

Weiter geht es mit kuscheligen Kissenideen für Ihre Lieblingsplätze. Sei es nun die neue Stuhlhusse, um dem Esszimmer einen neuen Look zu geben, oder das witzig-farbenfrohe Birnen-Kissen in Patchwort-Optik. Echte Taschenliebhaber kommen natürlich ebenfalls auf Ihre Kosten. Der neue Shopper für den Ausflug in die City oder die praktische Bauchtasche für die Leckerlis Ihres vierbeinigen Lieblings gehen Ihnen ganz flink von der Nadel. Abschließend warten noch neue schnell genähte Wohnideen auf Sie, wie zum Beispiel der kunterbunte Türkranz oder die niedliche Schildkröte Patchy.

Staunen Sie, was Sie alles aus Ihrer Restekiste machen können.

IDEEN FÜR HOBBYISTEN

Wer ein Hobby hat, weiß Ideen besonders zu schätzen, die das Arbeiten erleichtern oder dem eigenen Steckenpferd zu neuem Glanz verhelfen. Die genähten Geistesblitze umfassen praktische Dinge wie eine neue Nähmaschinen-Hülle, ein kleine Nadelmappe oder ein Näh-Etui. In der neuen Nähmappe können Sie Ihre Ideen wunderbar sammeln und ihnen einen hübschen Rahmen geben. Aber auch für andere Handarbeitstechniken wird gesorgt. Versuchen Sie sich doch einmal an einem neuen Wollkorb.

KLEINES NADELMÄPPCHEN

Hier sind alle spitzen Nadeln gut verstaut und können schnell wiedergefunden werden.

Material
- Baumwollstoff in Beige/Grau, 36 cm × 11 cm
- dicker Bastelfilz in Altrosa, 16 cm × 9 cm
- farblich passendes Nähgarn
- breites Stoffband in Altrosa

1 Aus dem Baumwollstoff 2 Rechtecke à 18 cm × 11 cm zuschneiden, rechts auf rechts aufeinanderlegen und heften. Beide Teile mit einer Nahtzugabe von 0.5 cm rundum absteppen.

2 Mit einer kleinen Schere in der Mitte quer einen kleinen Schlitz zum Wenden in den Stoff schneiden. Den Stoff wenden und die Kanten nachbügeln. Die Seite mit dem Schlitz ist die Außenseite des Nadelmäppchens.

3 Für den Verschluss das Stoffband in ausreichender Länge zuschneiden und mit einem breiten Zierstich so auf die Außenseite des Stoffs nähen, dass der Schlitz dabei wieder verschlossen wird.

4 Den Filz zu einem Rechteck von 15,5 cm × 8,5 cm zuschneiden und so auf die Innenseite des Stoffes nähen, dass sich das Mäppchen zuklappen lässt.

NÜTZLICHE HOBBYSCHÜRZE

*Schnell umgebunden ist alles griffbereit!
So findet alles seinen Platz und es muss
nichts gesucht werden.*

Material
- Leinenstoff in Hellblau, 130 cm breit, Rest
- Baumwollstoff in Blau mit Blumenmuster, 140 cm breit, Rest
- Nähgarn in Weiß und Hellblau
- Saumband in Weiß
- Tageszeitung
- Blatt Papier, DIN A4
- Teller

1 Für die Schürze den Leinenstoff rechts auf rechts aufeinanderlegen. Die Tageszeitung und das DIN-A4-Papier bündig auf den Stoffbruch legen und mit Stecknadeln feststecken. Die Konturen der Tageszeitung und des DIN-A4-Papiers auf den Stoff übertragen. Den Teller auf die Zeitung und das DIN-A4-Papier legen und einen Bogen zwischen Brust- und Bauchteil übertragen.

2 Beide Papiere abnehmen und den Stoff an einigen Stellen mit Stecknadeln fixieren, damit er beim Zuschneiden nicht verrutschen kann. Die Schürze mit einer Nahtzugabe von 1 cm ausschneiden. Den Stoff bügeln und die Kanten 1 cm nach innen umbügeln.

3 Jeweils Saumband in Hüfthöhe und an den Oberkanten des Latzes anheften. Die Kanten der Schürze knappkantig absteppen, dabei die Bänder mitfassen.

4 Für die Tasche das DIN-A4-Papier auf den Blumenstoff legen, feststecken und die Konturen übertragen. Den Stoff mit einer Nahtzugabe von 1 cm zuschneiden. Alle Kanten 1 cm nach innen bügeln.

5 Das Saumband an der langen Oberkante der Tasche aufstecken und festnähen.

6 Die Tasche mittig auf die Schürze legen und heften. Danach die Seiten und die Unterkante aufsteppen, die Oberseite bleibt offen.

NÄHMASCHINENHUSSE

So ist Ihre Nähmaschine hübsch verpackt und gut verstaut. Ein echter Hingucker für Ihre Nähwerkstatt.

1 Für die Vorder- und Rückseite aus dem Paisleystoff 2 Rechtecke à 42 cm × 62 cm (inkl. einer Nahtzugabe von 1 cm) zuschneiden. Beide Rechtecke in der Mitte links auf links falten (= 42 cm × 31 cm) und bügeln.

2 Aus dem rosa Stoff 1 Rechteck von 18 cm × 42 cm und 2 trapezförmige Seitenteile à 18 cm × 32 cm × 21 cm zuschneiden. Bei allen Maßen ist ebenfalls eine Nahtzugabe von 1 cm enthalten. Die beiden Seitenteile jeweils rechts auf rechts an den 18 cm langen Kanten mit dem rosa Rechteck zusammensteppen. Die 21 cm langen unteren Kanten 1 cm breit säumen.

3 Auf die Vorder- und Rückseite nach Belieben mit ca. 9 cm Abstand zur unteren Bruchkante jeweils das Dekoband aufsteppen.

4 Die Vorder- und Rückseite jeweils rechts auf rechts an das zusammengesteppte Seitenteil stecken und zusammensteppen. Die Husse wenden und die Nähte von der rechten Seite knappkantig absteppen.

5 Die Vorderseite nach Belieben mit den Knöpfen verzieren.

Größe
ca. 40 cm breit, 30 cm hoch und 15/18 cm tief

Material
♡ Baumwollstoff mit Paisleymuster in Rosa, 65 cm × 90 cm
♡ Baumwollstoff in Rosa, 50 cm × 90 cm
♡ Nähgarn in Weiß
♡ evtl. Dekoband in Blau, 45 cm lang
♡ evtl. 3 Knöpfe nach Wahl

TIPP: Beim Zusammensteppen der Seitenteile nur die mittleren 16 cm steppen und mit Rückstichen sichern, die Nahtzugabe von je 1 cm bleibt offen.

GENÄHTER WOLLKORB

Auch die Stricksachen wollen gut verstaut werden. Hier ist alles ordentlich an seinem Platz und es kann direkt losgelegt werden.

Material

- Baumwollstoff in Blau, 90 cm × 60 cm
- Baumwollstoff in Weiß mit Punkten, 90 cm × 85 cm
- farblich passendes Nähgarn

1 Aus dem blauen Baumwollstoff für das Futter 1 Streifen von 90 cm × 29 cm und für den Futterboden 1 Kreis von ø 30 cm zuschneiden. Aus dem weißen Stoff für die Außenhülle 1 Streifen von 90 cm × 33 cm, für die aufgesetzten Taschen 1 Streifen von 90 cm × 17 cm und für den Boden 1 Kreis von ø 30 cm zuschneiden. Alle Maße sind inkl. einer Nahtzugabe von 1 cm.

2 Für das blaue Futter die 29 cm langen Schmalseiten rechts auf rechts zum Ring zusammensteppen, dann den blauen Kreis rechts auf rechts an den Ring steppen. Dafür den Ring und den Bodenkreis in 4 gleiche Teile einteilen und anzeichnen. So lässt sich die Weite bequem aufteilen und der Boden einfacher einsteppen. Das Futter auf rechts wenden.

3 Für die Außenseite die kleinere weiße Stoffbahn an einer langen Seite säumen und mit der linken Seite und der ungesäumten Längsseite unten bündig auf das größere weiße Rechteck legen.

4 Um die Taschen abzunähen, vom umgesäumten Rand an unterschiedlich breite Fächer von ca. 10 cm bis 18 cm abnähen. Dann das Außenteil rechts auf rechts zum Ring schließen und den Boden wie unter Schritt 2 beschrieben einnähen. Die Außenhülle auf rechts wenden.

5 Das blaue Futterteil in das Außenteil schieben, es ist oben 4 cm kürzer. Die Oberseite der Außenhülle 4 cm nach innen einschlagen, den Saum 2 cm umbügeln und absteppen. So sind Oberseite und Futter fest verbunden. Die obere Kante nach außen umklappen.

NÄHIDEEN-BUCH

Ihre Projektideen verstauen Sie besonders hübsch in diesem Buch. Lassen Sie Ihrer Inspiration freien Lauf und geben Sie ihnen einen schönen Rahmen.

1 Nach Belieben das Spitzenband quer auf den geblümten Stoff nähen. Die obere lange Kante des geblümten Stoffes 1 cm umbügeln.

2 Aus dem rosafarbenen Stoff 1 Streifen von 38 cm × 85 cm zuschneiden. Den geblümten Stoff mit der linken Seite und der unteren Schnittkante bündig darauflegen und knappkantig aufsteppen.

3 Für die Innentasche aus dem rosafarbenen Stoff 1 Rechteck von 12 cm × 15 cm zuschneiden, an der 12 cm breiten Oberkante säumen und nach Belieben die restliche Spitzenborte aufnähen. Die übrigen drei Seiten 1 cm breit umbügeln. Die Tasche mit ca. 4 cm Abstand zur rechten und zur unteren Kante auf den Streifen steppen.

4 Die Schmalseiten der Hülle 2 cm breit säumen. Den Stoff so um den Schnellhefter legen, dass er auf der linken Seite mehr überlappt als auf der rechten, damit die aufgenähte Tasche gut auf der Seite platziert ist.

5 Die Maße des Ordners abstecken und alle 4 Seiten knappkantig absteppen, dabei gleich über die ganze Breite der Hülle steppen.

Größe

für einen DIN-A4-Schnellhefter (26 cm × 33 cm)

Material

♥ Baumwollstoff in Blau geblümt, 22 cm × 85 cm

♥ Baumwollstoff in Rosa, 38 cm × 100 cm

♥ Nähgarn in Rosa, Blau und Weiß

♥ evtl. Spitzenband in Weiß, ca. 80 cm lang

KLEINES NÄH-ETUI

Der kleine Begleiter für unterwegs! Ob eine aufgetrennte Naht, ein abgerissener Knopf oder ein kleiner Riss – hier sind alle wichtigen Nähutensilien verpackt für den nächsten kleinen Notfall.

Material
- Baumwollstoff in Beige gepunktet, 21 cm × 30 cm
- Baumwollstoff in Weiß mit Blumen, 21 cm × 40 cm
- Leder in Dunkelrot, Rest
- farblich passendes Nähgarn
- Schleifenband breit und schmal (z. B. feines Satinband und Webband)
- Ledernadel für die Nähmaschine
- Zackenschere

1 Aus dem beigefarbenen Stoff 1 Rechteck von 21 cm × 29,6 cm zuschneiden. Nach Wunsch auf die rechte Stoffseite Schlaufen und Taschen aus verschiedenen Bändern, weißem Stoff und Leder aufnähen.

2 Aus dem weißen Stoff ebenfalls 1 Rechteck von 21 cm × 29,6 cm zuschneiden. Auf die rechte Seite des Stoffes mittig ein Schleifenband aufnähen.

3 Beide Stoffe links auf links aufeinanderlegen und feststeppen. Die Nahtzugaben mit einer Zackenschere versäubern.

TIPP: Schleifenband eignet sich wunderbar dafür, Garnrollen zu verstauen. Einfach auflegen und festnähen.

NÄHTISCH-ORGANIZER

*Mit diesem kleinen Organisationstalent
sparen Sie Platz und Zeit auf und
an Ihrem Nähtisch.*

Material
- Stoff in Blau
  mit Blumenmuster,
  230 cm × 90 cm
- Nähgarn in Blau und
  Weiß
- gefalztes Schrägband in
  Blau, 300 cm
- gefalztes Schrägband in
  Creme, 200 cm

1 Für Vorder- und Rückseite der Decke 2 Quadrate à 85 cm × 85 cm und für die Tasche 1 Rechteck von 85 cm × 56 cm zuschneiden.

2 Das Taschenteil links auf links mittig falten (= 85 × 28 cm) und die obere Bruchkante mit blauem Schrägband einfassen.

3 Die Vorder- und Rückseite links auf links aufeinanderlegen und das Taschenteil bündig zur unteren Kante aufstecken. Dabei bei allen 3 Teilen auf den Musterverlauf achten.

4 Die Tasche an den Seiten und der unteren Kante knappkantig aufsteppen. Mit je 24 cm Abstand zur seitlichen Schnittkante quer 3 Fächer absteppen.

5 Mit dem restlichen blauen Schrägband erst die untere und die obere Organizerkante, dann mit dem cremefarbenen Schrägband die seitlichen Organizerkanten einfassen.

TIPP: Die gefalzten Schrägstreifen am besten mit einem kleinen Zickackstich aufsteppen. So wird das Schrägband auf Vorder- und Rückseite garantiert mitgefasst.

KUSCHELKISSEN

Kissen sind wunderbare Nähprojekte, um sich an neuen Formen auszuprobieren und Stoffmengen, die nicht mehr für Kleidungsstücke oder ähnliches reichen, ein neues Einsatzgebiet zu geben. Ob es nun die farbenfrohe Patchwork-Birne ist, das neue Bergkissen für echte Gipfelstürmer oder die kuscheligen Pilze für leidenschaftliche Sammler. Der Ideenvielfalt sind keine Grenzen gesetzt. Aber auch klassische Themen wie kleine Stuhlhussen, hübsche Hüllen im Color-blocking-Design oder neue Ideen für Bodenkissen dürfen natürlich nicht fehlen.

PATCHWORK-BIRNEN

Frisches Obst für Ihr Sofa!
So machen Vitamine Spaß und
sehen auch noch gut aus.

1   Jeweils 2 verschieden gemusterte Stoffreste aneinandernähen. Die beiden Stoffteile exakt auf der Naht rechts auf rechts aufeinanderlegen. Die Birnenvorlage mit Schneiderkreide so auf den Stoff übertragen, dass die Naht mittig über der Birne liegt.

2   Den Umriss der Birne rundherum absteppen, dabei unten eine Wendeöffnung offen lassen. Die Birne mit einer Nahtzugabe von 0,5 cm ausschneiden und den Stoff wenden. Die Birne mit Füllwatte ausstopfen.

3   Entlang der Wendeöffnung locker mit Handstichen nähen. Den Faden zusammenziehen, sodass sich die Wendeöffnung schließt, und mit einem Doppelknoten fixieren.

4   Aus Filz ein passendes Birnenblatt zuschneiden und mit grünem Stickgarn fest an der oberen Seite der Birne annähen.

Material

♥ 4 verschiedene Baumwollstoffe in Grün mit unterschiedlichen Mustern, Reste
♥ Filz in Grün, Rest
♥ farblich passendes Nähgarn
♥ grünes Stickgarn
♥ Füllwatte

Schnittmuster
Schnittmusterbogen 1A

TIPP: Sie haben gerade keine Füllwatte zur Hand? Recyceln Sie doch ein altes Sofa-Kissen, das Sie nicht mehr benötigen oder nehmen Sie die Watte eines günstigen Füllkissens aus dem Möbelhaus.

STUHLKISSEN MIT LEHNEN-HUSSE

Mit diesen Kissen wird jeder Stuhl richtig bequem und sieht auch noch schick aus! Pimpen Sie Ihre alten Stühle doch mit neuen Kissen auf.

Größe
für eine Sitzfläche von 40 cm × 40 cm und eine Stuhlbreite von 40 cm

Material
- Filz in Flieder
- Baumwollstoff in Rosa gemustert, Rest
- farblich passendes Nähgarn
- Schleifenband in Hellgrün, ca. 80 cm lang
- Füllwatte
- Holzstuhl, ca. 40 cm × 40 cm

Stuhllehnen »Husse«

1. Den Umfang der Stuhllehne ausmessen, auf den Filz übertragen und ausschneiden. Aus dem Stoff einen 4 cm schmaleren Streifen zuzüglich 5 cm in der Länge zuschneiden.

2. Die langen Seitenränder des Stoffes jeweils 1 cm einschlagen. Den Stoff mittig auf das Filzstück nähen, dabei an den kurzen Seiten jeweils ca. 2,5 cm einschlagen und auf die Rückseite des Filzes nähen.

3. Von dem Schleifenband 4 gleich lange Stücke (mindestens 18 cm) abschneiden und jeweils an die Ecken annähen. Die »Husse« um die Stuhllehne legen und oben an den Bändern zusammenbinden.

Sitzkissen

1. Die Sitzfläche des Stuhls ausmessen, auf den Filz übertragen und ausschneiden. Aus dem Stoff einen 4 cm schmaleren Streifen zuzüglich 5 cm in der Länge zuschneiden.

2. Die Seitenränder des Stoffes jeweils 1 cm einschlagen. Den Stoff mittig auf das Filzstück nähen, an den kurzen Seiten jeweils ca. 2,5 cm einschlagen und auf die Rückseite des Filzes nähen. Den Filz-Stoff-Streifen links auf links mittig falten und an den Seiten und der Oberkante absteppen, dabei eine Öffnung zum Füllen offen lassen.

3. Das Kissen mit Füllwatte füllen und die Öffnung von Hand schließen.

COLOR-BLOCKING ZUM KUSCHELN

Neuer Look für die Couch!
So wird Ihr Lieblingsplatz zum
trendigen Hot-Spot in der Wohnung.

Material

- Leinenstoff in Dunkel-blau, Pink, Grau, Gelb und Hellblau, je 100 cm × 140 cm
- farblich passendes Nähgarn
- 3 Fotokartonbögen, DIN A2
- Geodreieck
- Lineal
- großes Kissen-Inlet, 70 cm × 70 cm
- mittleres Kissen-Inlet, 50 cm × 50 cm
- schmales Kissen-Inlet, 35 cm × 70 cm

Großes Kissen

1 Für die Vorderseite des 70 cm × 70 cm großen Kissens aus Fotokarton ein gleichschenkliges Dreieck mit einer Breite von 70 cm und einer Höhe von 35 cm zuschneiden. Das Dreieck parallel zum 70 cm langen Schenkel beliebig in 4 Streifen unterteilen.

2 Die 4 Teile mit einer Nahtzugabe von 1,5 cm jeweils 4× auf den dunkelblauen, den gelben, den pinkfarbenen und den grauen Stoff übertragen und ausschneiden. Die Stoffe zunächst wieder zu 4 Dreiecken zusammennähen und die Dreiecke dann zu 1 Quadrat zusammensetzen.

3 Für die Rückseite aus dem hellblauen Stoff 2 Rechtecke à 73 cm × 47 cm zuschneiden. An einer lange Kante jeweils den Saum doppelt einschlagen und festnähen.

4 Die beiden Rechtecke rechts auf rechts an den Seitenkanten bündig auf die Vorderseite legen. Die Rechtecke überlappen sich in der Mitte für die Einsteköffnung. Die Kissenteile an den Außenkanten absteppen. Die Kissenhülle wenden. Das 70 cm × 70 cm große Füllkissen hineinstecken.

Mittleres und schmales Kissen

1 Für das mittlere und schmale Kissen die entsprechenden Maße (50 cm × 50 cm und 35 cm × 70 cm) auf Fotokarton übertragen und ausschneiden. Nach Belieben eine Breite für die zweite und dritte Stofffarbe wählen und auf die Kartonschablone übertragen.

2 Die Schablone in Einzelteile zerschneiden, jeweils 2× auf den gewünschten Stoff übertragen und mit einer Nahtzugabe von 1,5 cm ausschneiden.

3 Die einzelnen Stoffe der Schablone entsprechend zum jeweiligen Kissen zusammennähen, dabei eine Einsteköffnung für das Füllkissen offen lassen. Das passende Füllkissen einschieben und die Nahtöffnung von Hand schließen.

ROMANTISCH VERHÜLLT

Zweifarbig und mit hübscher Schleife setzen Sie verspielte Akzente an Ihrem Esstisch.

1 Für die Husse die beiden Schmalseiten des Karostoffs 2 cm umbügeln, eine Nahtzugabe von 1 cm einschlagen und absteppen.

2 Die Sitzfläche des Stuhls ausmessen. Den Stoff rechts auf rechts mit einer schmalen Seite so weit umschlagen, dass die Fläche komplett verdeckt ist. Dabei die Maße des Sitzkissens mit berücksichtigen. Die Seiten mit Stecknadeln abstecken und den Stoff an beiden Außenseiten zusammennähen. Hinten offen lassen, damit man das Stuhlkissen einschieben kann. Die Sitzfläche wenden.

3 Das Sitzteil auf den Stuhl legen und den restlichen Stoff über die Lehne legen. Mit Schneiderkreide die obere Kante markieren.

4 Für die Schleife den Blumenstoff ringsherum 2 cm umbügeln, eine Nahtzugabe von 1 cm einschlagen und absteppen. Den Blumenstoff mit ca. 10 cm Abstand zur markierten oberen Kante an die Vorderseite der Stuhlhusse stecken und über die Breite der Stuhllehne aufsteppen. Dabei jedoch auf beiden Seiten die Nahtzugabe nicht absteppen.

5 Den überhängenden Stoff für die Stuhllehne an den Seiten bis zum Blumenstoff rechts auf rechts zusammennähen. Anschließend wenden. Die Husse über den Stuhl ziehen und das Blumenband hinten locker knoten.

Material
- Material
- Baumwollstoff in Weiß-Rosa-Grün kariert, 46 cm × 130 cm
- Baumwollstoff in Weiß mit Blumenmuster, 15 cm × 150 cm
- farblich passendes Nähgarn
- passendes Sitzkissen

Schnittschema
Schnittmusterbogen 1A

PATCHWORK-BODENKISSEN

Toller Look für Ihr Wohnzimmer. Hier wird ihr Bodenkissen zum neuen Design-Highlight. Lassen Sie sich durch die Muster und Farben inspirieren.

Material

- 10 verschiedene Baumwollstoffe in Rosa, Weiß oder Beige gemustert, Reste
- Filz in Rosa (für den Kissenumfang)
- farblich passendes Nähgarn
- großer Knopf
- lange Nähnadel
- Fotokarton, DIN A4
- 2 schlichte gleich große Sitzkissen, Umfang 130 cm, ø 41 cm, Radius 20,5 cm

1 Eine Schablone für die einzelnen Tortenstücke aus Fotokarton anfertigen (abhängig von der Größe des Sitzkissens, hier: Längsseite 20,5 cm + 1 cm Nahtzugabe, 36°-Winkel). Die Schablone jeweils 1× auf die 10 verschiedenen Stoffe übertragen. Die Stoffe zuschneiden.

2 Für die Oberseite zunächst 2 Tortenstücke rechts auf rechts aneinanderlegen und an einer Längskante zusammennähen. Ein weiteres Tortenstück rechts auf rechts daranlegen und ebenfalls an einer Längsseite zusammennähen. So fortfahren, bis der Kreis geschlossen ist.

3 Den Filz für den Umfang ausmessen (2× Höhe und Umfang eines Sitzkissens plus 1 cm Nahtzugabe) und zurechtschneiden. Den Filzstreifen rechts auf rechts an die Oberseite nähen und die Hülle wenden.

4 Die Hülle über ein Sitzkissen stülpen. Den Knopf mit einer langen Nadel in der Mitte annähen und verknoten. Das zweite Kissen ebenfalls in die Hülle stecken.

WEICHE STOFFPILZE

*Hier sprießen die Pilze in Ihrem Wohnzimmer!
Werden Sie zum Pilzsammler und fertigen
Sie gleich mehrere an. Sie werden sehen,
wie schnell das geht!*

Material

- Baumwollstoff in Braun (für die Oberseite der Pilzkappe), Rest
- Baumwollstoff in Beige (für die Unterseite der Pilzkappe und den Stiel), Rest
- farblich passendes Nähgarn
- Füllwatte

1 Für die Pilzkappe jeweils 1 Kreis von ⌀ 15 cm aus braunem und aus beigefarbenem Stoff zuschneiden.

2 Die Stoffteile rechts auf rechts aufeinanderlegen, feststecken und mit einer Nahtzugabe von ca. 1 cm zusammensteppen. Dabei unten eine Wendeöffnung offen lassen. Den Pilz wenden und die Kappe leicht mit Füllwatte ausstopfen. Die Öffnung mit Matratzenstich von Hand schließen.

3 Einen ca. 10 cm hohen Stiel mit Schneiderkreide auf den beigefarbenen Stoff zeichnen und in doppelter Stofflage ausschneiden. Die beiden Stoffteile zusammenstecken und rechts auf rechts aufeinandernähen, dabei am oberen Ende offen lassen. Den Stiel wenden und fest mit Füllwatte ausstopfen. Den Stiel in der Mitte der Pilzkappenunterseite von Hand annähen.

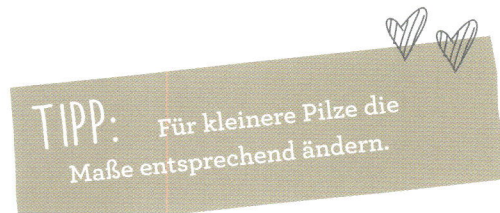

TIPP: Für kleinere Pilze die Maße entsprechend ändern.

BUNTE BERGE

Was für eine Aussicht! Hier holen Sie sich ihr eigenes Gebirge in die heimischen vier Wände. Staunen Sie, was für Berg-Formationen sich bilden lassen.

Aus dem weißen, blauen oder roten Stoff in der gewünschten Grundform 2 Berge ausschneiden. Aus dem dunklen Stoff 1 Bergspitze ausschneiden.

Die Bergspitze mit Steppstich auf ein Bergteil nähen. Sollte die Bergspitze aus einem leicht fransenden Stoff bestehen, den Stoff entlang der Schnittkante mit einem Zickzackstich aufsteppen.

Beide Bergteile rechts auf rechts legen und an den Außenkanten zusammennähen, dabei eine kleine Wendeöffnung offen lassen.

Das Kissen wenden und mit Füllwatte befüllen. Die Wendeöffnung von Hand schließen.

Material

Baumwollstoff in Weiß, Blau oder Rot gemustert. Reste

farblich passendes Nähgarn

Füllwatte

TIPP: Mix-and-Match. Diese witzigen Berg-Kissen eignen sich hervorragend, um auch einmal unterschiedliche Stoffqualitäten miteinander zu kombinieren. Achten Sie bei der Verarbeitung jedoch auf die Beschaffenheit der Materialien und verwenden Sie die richtigen Nähmaschinen-Nadeln.

TASCHENTRÄUME

Was kann eine Frau nie genug haben? Richtig! Taschen sind ständige Begleiter und verlässliche Aufbewahrer aller wichtigen Dinge, die frau unterwegs so braucht. Umso schöner, wenn sie eine ganz besondere Note bekommen und aus den Lieblingsstoffen genäht werden können. Ob stylischer Shopper für den nächsten Trip in die City, praktische Bauchtasche für den nächsten Spaziergang mit Ihrem Hund, farbenfrohes Mini-Täschchen für die Taschentücher oder die nostaligsch-romantische Handyhülle für den nächsten Opernbesuch – für jede Gelegenheit ist etwas dabei.

BEZAUBERNDER KOSMETIKBEUTEL

Hier ist alles hübsch verstaut! Ob Nagellack, Make-up, Lidschatten, Pinsel und Co. Sie sind unterwegs bestens gerüstet und finden alles schnell wieder.

Material
- Baumwollstoff in Braun mit Blumenmuster, 51 cm × 25 cm
- Futterstoff in Creme, 51 cm × 25 cm
- Volumenvlies zum Aufnähen, 51 cm × 25 cm
- farblich passendes Nähgarn
- schmales Satinband
- Knopf in Beige

1 Aus dem Baumwoll-, Futterstoff und Volumenvlies jeweils 1 langen Streifen von 41 cm × 25 cm für den Beutel und 1 kurzen Streifen von 10 cm × 25 cm für die Klappe zuschneiden.

2 Die beiden Vliesteile jeweils auf die linke Seite des passenden Baumwollstoffs nähen. Die wattierten Stoffstreifen jeweils rechts auf rechts auf die passenden Futterteile nähen, dabei eine Wendeöffnung von ca. 10 cm offen lassen. Die Streifen wenden und die Wendeöffnung von Hand schließen.

3 Den größeren Stoffstreifen für den Beutel rechts auf rechts mittig so zusammenlegen, dass eine Hälfte ca. 1 cm länger ist als die andere. An den Außenkanten zusammennähen und den Beutel wenden.

4 Auf die Rückseite des Beutels den kurzen Stoffstreifen kantenbündig so an den Überstand nähen, dass die cremefarbene Seite des Futters beim Umklappen nach außen zeigt.

5 Aus dem schmalen Satinband mittig eine kleine Schlaufe an die entstandene Klappe nähen. Den Knopf im passenden Abstand vorn auf die Tasche nähen.

TIPP: Wer mag, kann den Knopf mit beigefarbenem Stoff überziehen.

SHOPPER FÜR DIE CITY

Der nächste Shopping-Trip kann kommen! Nähen Sie sich doch Ihren neuen Taschenbegleiter farblich passend zu Ihrem Outfit!

1 Aus den beiden Stoffen je 2 Streifen à 55 cm × 22 cm zuschneiden.

2 Beide Stoffstreifen rechts auf rechts an einer Längskante mit einer Nahtzugabe von 1 cm zusammennähen. Für den oberen Taschenrand eine Längsseite 2 cm nach innen umschlagen und die Kante versäubern.

3 Den Stoff rechts auf rechts zu einer Tasche zusammenlegen. Die Unterkante und die Seitennaht mit einer Nahtzugabe von 1 cm absteppen. Die Tasche wenden.

4 Für die Henkel aus beiden Stoffen jeweils 2 Streifen à 60 cm × 5 cm zuschneiden. Die Längsseiten der Streifen umschlagen und jeweils 2 Streifen mit einem Zierstich zu einem Henkel aufeinandernähen. Die beiden Henkel an der Tascheninnenseite feststecken und annähen.

Material
♥ Baumwollstoff in Rosa gemustert, 60 cm × 35 cm
♥ Baumwollstoff in Hellgrau gemustert, 60 cm × 35 cm
♥ farblich passendes Nähgarn

TIPP: Nähen Sie sich passend zu Ihrer Tasche auch ein hübsches Schlüsselband aus den gleichen Stoffen. Eine Anleitung finden Sie auf Seite 66.

HIPPE FILZTASCHE

Diese Tasche ist nicht nur zum Dirndl ein absoluter Hingucker. Der leicht zu verarbeitende Filz ist modern und sehr strapazierfähig.

Material
- Filz in Grau, 3 mm dick. 35 cm × 50 cm
- Nähgarn in Grau
- Satinkordel in Rosa (als Schlaufe für den Knopf)
- Stoffband in Rosa (als Henkel)
- Edelweiß zum Aufnähen
- Teller, ø 30 cm

1 Den Teller auf den Filz legen, den Umriss übertragen und den Kreis ausschneiden. Die obere Kreishälfte um ca. 7 cm kleiner schneiden, damit die Klappe der Tasche kleiner wird. Dafür eventuell den Teller zu Hilfe nehmen, damit die Linie gerade wird.

2 Einen weiteren Halbkreis auf den Filz zeichnen und ausschneiden. Den Halbkreis passgenau auf den unteren Teil des größeren Filzstücks legen und feststecken. Die Filzstücke an den Seiten mit einer Nahtzugabe von 0,5 cm aufeinandernähen. Die Taschenklappe nach unten umschlagen.

3 Das Edelweiß von Hand auf die Taschenmitte nähen. Die Satinkordel als Schlaufe an die Klappe nähen.

4 Für den Henkel das Band auf die gewünschte Länge bringen und in der Tasche festnähen.

TIPP: Anstelle des Edelweiß können Sie nach Belieben einen anderen hübschen Knopf als Verschluss verwenden.

HANDYTASCHE FÜR ROMANTIKER

Mit dieser Tasche wir Ihr Handy romantisch verhüllt. Durch die Leinen-Optik wirkt es sehr elegant und ist etwas für den ganz großen Auftritt.

Material pro Handytasche

- Baumwoll- oder Leinenstoff in Beige gemustert, 70 cm × 20 cm
- farblich passendes Nähgarn
- evtl. Schleifenband aus Samt in Braun, Rest
- evtl. einige Schmuckperlen in Braun
- evtl. Knopf in Beige nach Wahl
- Druckknopf

1 Das Handy abmessen. Den Stoff rechts auf rechts aufeinanderlegen und 1 Rechteck von ca. 32 cm × 9 cm in doppelter Stofflage ausschneiden, dabei die Maße des Handys beachten.

2 Die Rechtecke an den langen Seiten feststecken und die Kanten rundherum versäubern, dabei eine kleine Wendeöffnung offen lassen. Den Stoffschlauch wenden und die Wendeöffnung von Hand schließen.

3 Den Stoffschlauch 10 cm nach oben umklappen und die Seiten zusammennähen. Die Handytasche wenden.

4 Den an der Seite überstehenden Stoff der Lasche nach innen umklappen und festnähen. Nach Belieben die Tasche mit einer Ziernaht, einem Samtband, Schmuckperlen oder einem Knopf verzieren und mit dem Druckknopf verschließen.

TIPP: Bei so einem romantisch-verspielten Modell lohnt sich der Einsatz von besonderen Knöpfen. Vielleicht befindet sich in Ihrer Knopf-Sammlung ja noch das eine oder andere besondere Exemplar. Ansonsten können Sie auch einmal auf Flohmärkten nach besonderen Schätzen suchen.

PATCHWORK IM JEANS-LOOK

*Retten Sie Ihre alten Jeanshosen und verhelfen Sie ih-
nen zu neuen Ehren. Der Used-Look macht die Tasche
zu etwas ganz Besonderem und darf im Repertoir einer
echten Fashionista nicht fehlen.*

Für die Patchworkvorderseite aus den verschiedenen Jeansstoffen 12 Dreiecke à 16 cm × 16 cm × 22 cm zuschneiden.

Jeweils 2 Dreiecke rechts auf rechts aufeinanderlegen und an der langen
Seite mit einer Nahtzugabe von 1 cm zu einem Quadrat zusammensteppen. Diesen Vorgang für alle Dreiecke wiederholen. Dann diese Quadrate
mit einer Nahtzugabe von 1 cm jeweils rechts auf rechts aneinandernähen:
2 Quadrate übereinander und 3 nebeneinander.

Für die Seiten und die Rückseite aus dem unifarbenen Jeansstoff 1 Rechteck von 77 cm × 32 cm zuschneiden. Das Rechteck jeweils an den schmalen
Kanten rechts auf rechts an die kurzen Seiten des Patchworkteils legen
und mit einer Nahtzugabe von 1 cm feststeppen, sodass ein Schlauch
entsteht.

Für den Boden aus dem unifarbenen Jeansstoff 1 Rechteck von 17 cm ×
47 cm zuschneiden. Den Boden rundum mit einer Nahtzugabe von 1 cm
rechts auf rechts an die Unterseite des Schlauchs nähen.

Die obere Schnittkante der Tasche rundherum mit dem Ripsband einfassen.

Aus dunkelblauem Jeansstoff 2 Streifen à 9 cm × 50 cm zuschneiden
und zu Henkeln nähen. Dafür eine lange Seite 3 cm einschlagen und die
andere lange Seite zweimal 1 cm einschlagen, feststeppen. Die Henkel
von innen jeweils gegen die Vorder- und Rückseite der Tasche nähen.

Material

verschiedene Jeansstof-
fe in unterschiedlichen
Farben und Mustern, je
Reste

Jeansstoff in uni Blau,
95 cm × 50 cm

farblich passendes
Nähgarn

Ripsband in Hellblau-
Weiß gestreift,
120 cm lang

LECKERLI-BEUTEL

Da freut sich Ihr Hund! Nähen Sie sich den idealen Begleiter für den nächsten Spaziergang und haben Sie Leckerlis und andere wichtige Begleiter stets griffbereit.

Material
- Baumwollstoff in Blau, Rest
- Baumwollstoff in Blau mit Paisleymuster, Rest
- farblich passendes Nähgarn

Schnittmuster
Schnittmusterbogen 1A

1 Die Schnittteile für den Beutel auf den Stoff übertragen: das kleinere sowie das größere Dreieck auf den blauen Stoff, den schmalen Streifen auf den Paisleystoff. Die Schnittteile mit einer Nahtzugabe von 2 cm zuschneiden.

2 Den schmalen Paisleystreifen an den langen Seiten jeweils knappkantig umschlagen und absteppen. Den Streifen als Tunnel bündig an die Oberkante des größeren Dreiecks nähen. Die schmalen Kanten offen lassen, damit ein Gürtel hindurchgezogen werden kann.

3 Den Hundeknochen auf den Paisleystoff übertragen, ausschneiden und mit kleinem Zickzackstich auf das kleinere Dreieck applizieren.

4 Die beiden Dreiecke rechts auf rechts aufeinanderlegen und an den Seitenkanten zusammennähen. Den Leckerli-Beutel wenden. Den aufgenähten Tunnel nach vorne knicken und den Gürtel durchziehen.

TIPP: Um diese Tasche noch robuster und wetterresistent zu gestalten, können Sie sie auch aus Wachstuch nähen. So macht ihr auch echtes Schmuddelwetter nichts mehr aus.

KÜHLTASCHE FÜRS PICKNICK

Die Sonne lacht, der Wetterbericht sagt tolle Temperaturen voraus. Nichts wie los an den nächsten See oder in den nächsten Park. In dieser Tasche haben Sie alles Notwendige für ein Picknick mit dabei.

1 Aus den beiden Wachstüchern jeweils 1 Taschenteil am Stück mit den im Schnittschema angegebenen Maßen zuschneiden. Die Außenmaße enthalten eine Nahtzugabe von 1 cm. Für die aufgesetzte Tasche 1 Rechteck von 23 cm × 36 cm zuschneiden. Aus der Thermofolie 2 Seitenteile à 23 cm × 23 cm, je 1 Vorderseite, Boden und Deckel à 37 cm × 23 cm und 1 Rückseite von 37 cm × 25 cm zuschneiden.

2 Die aufgesetzte Tasche an einer Längskante 2 cm umschlagen und absteppen. Die 3 übrigen Seitenkanten 1 cm umschlagen. Die Tasche knappkantig auf die Vorderseite der Außentasche steppen, dabei nach Belieben zusätzlich quer ein 12 cm breites Fach oder mehrere Fächer absteppen.

3 Beide Taschenteile am Boden rechts auf rechts falten und die 4 Seitennähte der Außentasche mit einer Nahtzugabe von 1 cm, die der Innentasche mit einer Nahtzugabe von 1,2 cm absteppen. So passen beide Teile perfekt ineinander.

4 Auf die linken Seiten der Innentasche mit doppeltem Klebeband die entsprechenden Teile aus Thermofolie kleben. Den Papp- oder Plastikboden in die Außentasche legen und eventuell mit doppelseitigem Klebeband fixieren. Die Innentasche links auf links in die Außentasche schieben.

5 Den Reißverschluss an die oberen Kanten nähen. Den Tragegriff mittig auf dem Deckel montieren. Dafür an beiden Seiten 2 kleine Löcher mit einer dicken, spitzen Nadel vorbohren. Den Griff mit festem Nähgarn von Hand durch alle Schichten annähen.

TIPP: Die Rückseite muss 2 cm höher sein, weil beim Einnähen des Reißverschlusses diese Höhe an den Seitenteilen und dem Vorderteil zusätzlich entsteht.

Material

♡ Wachstuch in Weiß mit Blumenmuster, 110 cm × 90 cm

♡ Wachstuch in einer Farbe nach Wahl, 110 cm × 90 cm

♡ Thermofolie (z. B. Frostschutzscheibenabdeckung für PKW), 200 cm × 60 cm

♡ farblich passendes Nähgarn

♡ Gurtband oder Leder in Blau (für den Tragegriff), 20 cm × 3 cm

♡ teilbarer Reißverschluss in Blau, 80 cm lang

♡ feste Pappe oder Plastik (für den Boden), 38 cm × 24 cm

♡ doppelseitig klebendes Klebeband

Schnittschema
Schnittmusterbogen 1A

PRAKTISCHE UMHÄNGETASCHE

Was gibt es Schöneres, als den nächsten Einkauf auf dem Wochenmarkt? In dieser geräumigen Tasche verstauen Sie Ihre neuen Schätze perfekt für den Heimweg.

1 Für die Tasche aus dem Stoff und der Vlieseline jeweils 1 Rechteck von 56 cm × 84 cm und für die Henkel 2 Streifen à 32 cm × 90 cm zuschneiden. Die Vlieseline von links auf die Stoffteile bügeln.

2 Das Rechteck für die Tasche an den Kanten mit einem Zickzackstich versäubern. Die kurzen Seiten der Tasche (Ober- und Unterkante) nach links umbügeln, sodass eine saubere Kante entsteht.

3 Das Zierband von rechts an der Ober- und Unterkante feststecken und aufsteppen. Das Taschenteil rechts auf rechts mittig falten und die Seitennähte zusammennähen.

4 Für die Henkel die Stoffstreifen der Länge nach links auf links mittig falten und bügeln. Die Streifen wieder auseinanderklappen. Die Kanten zur eingebügelten Mitte falten und abermals bügeln. Die Streifen mittig zusammenklappen, bügeln und die Längskanten absteppen. Die schmalen Kanten der Stoffstreifen umbügeln, sodass eine saubere Kante entsteht. Die Taschenhenkel von innen an die Tasche nähen.

Material
- Baumwollstoff in Grün mit Ornamenten, 110 cm × 120 cm
- Vlieseline zum Aufbügeln, 110 cm × 120 cm
- Nähgarn in Petrol
- Zierband in Petrol

SÜSSE TASCHENTUCHTASCHEN

*Geben Sie Ihren Taschentüchern einen neuen Look!
In den kunterbunten Taschen werden Sie ganz
individuell aufbewahrt und wunderbar geschützt.*

Material

- Baumwollstoff in Weiß gemustert, Grün gemustert oder Rosa gemustert, 17 cm × 16 cm
- Schrägband in Lila, Hell- oder Royalblau, ca. 35 cm lang
- farblich passendes Nähgarn

1 Aus dem Stoff 1 Streifen von 16,5 cm × 15,5 cm zuschneiden. Die beiden schmaleren Seiten (15,5 cm) mit dem Schrägband einfassen.

2 Die beiden mit Schrägband eingefassten Seiten rechts auf rechts wie abgebildet zur Mitte falten und feststecken. Die offenen Seitenkanten rechts und links mit einer Nahtzugabe von ca. 1 cm absteppen.

3 Auf jeder Seite die Stofflagen an den beiden entstandenen Ecken auseinanderziehen und zur Seite knicken (wie bei einer Milchtüte). Mit einer Stecknadel fixieren. Die Ecken mit einem Abstand von ca. 1 cm zur Ecke absteppen. Die Taschentuchtasche wenden.

TIPP: Falls Sie noch alte Kinderstofftaschentücher haben, eignen diese sich hervorragend, um als solch eine Taschentuchtasche zu neuen Ehren zu kommen. Die aufgedruckten Motive kommen noch einmal besonders gut zur Geltung.

BLUMIGE UMTOPF-TASCHE

*Alte, unschöne Balkon-Töpfe sind ab jetzt passé.
Peppen Sie Ihre Umtöpfe doch einmal mit neuen
Stoffen auf! Die praktischen Taschen bieten
extra Stauraum.*

Material
- Baumwollstoff in Weiß mit Blümchenmuster
- farblich passendes Nähgarn
- Schrägband in Rot-Weiß gestreift
- Korb-Übertopf

1 Die Maße des Korb-Übertopfs abmessen. Für den Umtopf aus dem Stoff 1 Rechteck à Korbumfang plus 2 cm Nahtzugabe × Höhe nach Geschmack (hier ca. 20 cm), für die Taschen 1 Rechteck à Korbumfang plus 2 cm Nahtzugabe plus ca. 10 cm × Höhe ca. 12 cm und für den Henkel 1 Streifen von ca. 5 cm × 40 cm zuschneiden.

2 Den Streifen für den Henkel an beiden langen Seiten mit Schrägband einfassen. Beide Rechtecke an der oberen Kante mit Schrägband einfassen.

3 Das Rechteck für die Taschen mit der Längskante unten bündig auf das Rechteck für den Umtopf stecken. Die Unterteilungen der Tasche steppen, dabei das kleine Stoffteil raffen.

4 Die gesamte untere Kante mit Schrägband einfassen. Dafür liegen beide Stoffe in der Falz des Schrägbandes. Das Schrägband festnähen und dabei den Henkel an der Innenseite annähen.

5 Das Rechteck für den Umtopf rechts auf rechts zu einem Schlauch zusammenlegen und entsprechend dem Umfang des Übertopfs mit Stecknadeln mit einer Nahtzugabe von 1 cm abstecken. Den Umtopf zusammennähen, überstehenden Stoff abschneiden und die Stecknadeln entfernen. Den Umtopf wenden und über den Korb stülpen.

WUNDERVOLL WOHNEN

Die eigenen vier Wände zu verschönern macht richtig Spaß, und wenn man den eigenen Nähkreationen gleich die Patina verleihen ... Der farbenfrohe Apfel ... Tiermotiv-Kissen, die kleinen ... finden sich in kleinen Schwärmen am ... für Ihren Stoffmarkt bevölkern Regale und ... alleiniges Brotkorb thront am ... auf den ... decken und die Hühnchen ... passt auf die Hühnchentischset ... Entdecken Sie wichtige neue Ideen für Ihr ... und freuen Sie sich nicht nur beim Nähen ... auf ... und ... Ideen.

WÄSCHEKLAMMERBEUTEL

*Ordnung auf der Leine. Hier finden Ihre Klammern
ein neues Zuhause und sind gleich griffbereit,
wenn die nächste Fuhre zum Aufhängen kommt.*

1 Das T-Shirt in der Mitte des vorderen Ausschnitts ca. 3 cm tief gerade einschneiden. Den geteilten Stoff zu einem V-Ausschnitt legen, feststecken
und mit einer Ziernaht Ihrer Wahl festnähen.

2 Das T-Shirt auf links ziehen und den unteren Rand gerade absteppen, sodass ein Beutel entsteht. Für den Boden den Beutel an den unteren Ecken
leicht auseinanderziehen, sodass ein Dreieck entsteht. Mit einem Abstand
von ca. 4 cm zur Spitze im 90°-Winkel zur Naht absteppen. Den überstehenden Stoff abschneiden und das T-Shirt auf rechts wenden.

3 Aus dem roten Nähgarn eine ca. 14 cm lange Kordel drehen. Die Enden
der Kordel so verknoten, dass jeweils ein 2 cm langer Faden an der Seite
heraussteht. Die Kordel in der Mitte der T-Shirt-Vorderseite platzieren. Die
überstehenden Fäden durch das T-Shirt ziehen, auf der Innenseite verknoten und auf diese Weise die »Wäscheleine« fixieren.

4 Die Vlieseline auf die Rückseite der Stoffreste bügeln. Kleine Kleidungsstücke, wie z. B. Socken, Hose und Hemd, auf die Stoffreste aufzeichnen
und ausschneiden. Die Kleidungsstücke mit den Holzklammern an der
Leine fixieren. Die Holzklammern mit Kreativkleber am T-Shirt fixieren,
damit die Leine nicht zu stark durchhängt.

5 Den Kinderbügel als Aufhängung in den T-Shirt-Beutel stecken und die
Ärmel aufkrempeln. Den Wäscheklammerbeutel mit Klammern füllen.

Material
- kleines Kinder-T-Shirt mit Rundausschnitt in Hellblau
- Baumwollstoff in Grün, Weiß und Rot, Reste
- Vlieseline zum Aufbü-geln, Rest
- Nähgarn in Hellblau
- dickes Nähgarn in Rot
- 5 kleine Holzwäsche-klammern
- Kreativkleber für Stoff
- kleiner Kinderkleider-bügel

FARBENFROHES SCHLÜSSELBAND

Ihre Schlüssel fischen Sie mit diesem Schlüsselband ganz schnell aus Ihrer Handtasche. Es ist ein echter Helfer für den Alltag und schnell genäht.

Material
- Baumwollstoff in Aprikot mit Ornamenten, Rest
- Baumwollstoff in Grau gemustert, Rest
- farblich passendes Nähgarn
- Handmade-Aufnäher in Grau
- Karabinerhaken

1 Aus den beiden Stoffen jeweils 2 Streifen à 4 cm × 42 cm zuschneiden. Aus dem grauen Stoff noch 1 Streifen von 8 cm × 12 cm zuschneiden.

2 Die beiden langen Stoffstreifen rechts auf rechts aufeinanderlegen und rundum absteppen, dabei eine kleine Wendeöffnung offen lassen. Den Streifen wenden und die Wendeöffnung von Hand schließen.

3 Das Schlüsselband in den Ring des Karbinerhakens legen, dabei die Enden ein wenig überlappen lassen.

4 Den grauen Stoffstreifen der Länge nach mittig links auf links falten und bügeln. Den Streifen wieder aufklappen und die Außenkanten zur eingebügelten Mitte falten. Beide Seiten übereinanderlegen und bügeln. Das Band über die überlappenden Enden des Schlüsselbandes legen. Die schmalen Kanten nach innen umschlagen, feststecken und aufnähen.

5 Den Handmade-Aufnäher von Hand auf das Schlüsselband nähen.

TIPP: Nähen Sie doch Ihr Schlüsselband passend zu eine der Taschen aus dem Kapitel Taschenträume. So passt alles gut zusammen und wirkt wie aus einem Guss.

BLUMIGER TÜRKRANZ

Dieser Türkranz ist eine besonders hübsche Ergänzung für Ihre Tür. Ob draußen oder drinnen, so einen echten Hingucker dürfen Sie sich nicht entgehen lassen.

Material
- Bauwollstoff in Rosa, Gelb, Orange und Pink je mit Vichy-Karo, Reste
- Baumwollstoff in Weiß
- farblich passendes Nähgarn
- farblich passendes Stickgarn
- Tüllband in Pink
- Baumwollband in Flieder
- 11 Dekonadeln
- Füllwatte
- Styroporkranz
- kleine Teller oder Gläser in verschiedenen Größen

1 Für eine Blüte einen Teller auf einen karierten Stoff legen, die Konturen übertragen und den Kreis ausschneiden. Den Kreis entlang des Außenrandes heften und den Heftfaden leicht ziehen, sodass sich der Stoffkreis zusammenzieht. Den Stoffkreis mit Füllwatte füllen, das Kissen ganz schließen und den Faden vernähen.

2 Das Kissen von der Mitte aus mit Stickgarn in mehrere Teile teilen, sodass eine Blütenform entsteht. Auf diese Weise 11 Blüten in verschiedenen Größen herstellen.

3 Aus dem weißen Stoff einen langen Stoffstreifen zuschneiden und um den Styroporkranz wickeln. Anfang und Ende des Streifens feststecken. Die Blüten jeweils mit einer Dekonadel in den Kranz stecken. Das Tüllband in 6 gleich lange Stücke schneiden und 6 kleine Tüllschleifen um den Kranz binden. Den Kranz an dem Baumwollband aufhängen.

KLEINE STOFFMÄUSE

Diese kleinen Bewohner huschen über Ihren Nähtisch und bevölkern bald Ihre heimischen vier Wände. Sie sind so niedlich, dass sie Ihnen fast wie von selbst gelingen.

1 Das Schnittteil für die Unterseite auf den Stoff übertragen und ausschneiden. Dann den Stoff rechts auf rechts aufeinanderlegen, das Schnittteil für das Seitenteil darauf übertragen und in doppelter Stofflage ausschneiden. Die Ohren 2× auf den Filz übertragen. Alle Schnittteile ausschneiden.

2 Die Seitenteile rechts auf rechts an der runden Kante zusammenstecken und zusammennähen. Die gerade Kante offen lassen.

3 Die Unterseite rechts auf rechts an die gerade Kante der Seitenteile stecken und absteppen, dabei im hinteren Bereich eine Wendeöffnung von ca. 3 cm offen lassen. Die Maus wenden und mit Füllwatte ausstopfen. Die Wendeöffnung von Hand schließen.

4 Die Ohren jeweils an der unteren Kante zusammenfalten und an den Kopf nähen. Für die Augen die Pailetten mit schwarzem Nähgarn seitlich an den Kopf nähen. Für den Schwanz die Wollfäden an einem Ende zusammenknoten, flechten und zum Schluss wieder verknoten. Den Schwanz hinten an die Maus nähen.

Material pro Maus

♥ Baumwollstoff in Weiß mit Blumenmuster, 15 cm × 15 cm

♥ Filz in Rosa, Rest

♥ Nähgarn in Weiß und Schwarz

♥ 2 Pailletten in Schwarz

♥ 3 Wollfäden, je 20 cm lang

♥ Füllwatte

Schnittmuster
Schnittmusterbogen 1B

TIPP: Machen Sie aus Ihrer Maus doch eine Duftmaus für die Wäscheschublade und befüllen Sie sie mit getrockneten Lavendelblüten.

TÜRWÄCHTER
WALDI

*Nähen Sie sich doch einen neuen Aufpasser.
Er bewacht für Sie jede Tür im Haus und gibt
genau acht, wer bei Ihnen aus und ein geht.*

Material

- Baumwollstoff in Weiß gemustert, 40 cm × 50 cm
- Kordstoff in Lila, Rest
- farblich passendes Nähgarn
- Schleifenband in Braun
- kleiner Knopf
- Füllwatte
- (alte) Socke
- Reis oder Sand

Schnittmuster
Schnittmusterbogen 1A

1 Das Schnittteil für den Hundekörper auf den Baumwollstoff übertragen und mit einer Nahtzugabe von 1 cm in doppelter Stofflage ausschneiden. Das Ohr 2× auf den Kordstoff übertragen und jeweils mit einer Nahtzugabe von 0,5 cm in doppelter Stofflage zuschneiden.

2 Die beiden Hundekörper rechts auf rechts aufeinanderlegen, feststecken und mit einer Nahtzugabe von 1 cm absteppen. Dabei unten eine Wende- öffnung von ca. 10 cm offen lassen. Die Nahtzugabe auf ca. 0,5 cm zurück- schneiden. Den Hund wenden und mit Füllwatte ausstopfen, dabei unten Platz für die Socke zum Beschweren lassen.

3 Die Ohren jeweils rechts auf rechts aufeinanderlegen, feststecken und rundherum absteppen. Jeweils ein kleines Kreuz am oberen Rand der Oh- reninnenseiten einschneiden und die Ohren dadurch wenden.

4 In die Socke Reis (oder Sand) füllen. Die Socke zuknoten und zum Be- schweren in den Hund stecken. Die Wendeöffnung des Hundekörpers von Hand schließen.

5 Die Ohren an den Hundekopf nähen. Das Schleifenband um den Hunde- hals legen und mit Nadel und Faden fixieren. Den Knopf an das Halsband nähen.

GARAGE FÜR DIE FERNBEDIENUNG

Kein Gesuche mehr nach der Fernbedienung. Mit dem neuen Sofa-Utensilo finden Sie sie ganz schnell wieder und sie kann nicht mehr in die Sofa-Ritze rutschen. Der farbenfrohe Überwurf ist außerdem ein toller Hingucker und peppt Ihre Möbel auf.

Material
- Baumwollstoff in Grün mit Punkten, 100 cm × 32 cm
- Baumwollstoff in Hellblau, 100 cm × 45 cm
- Vlieseline zum Aufbügeln, Rest
- farblich passendes Nähgarn
- Sticktwist in Grün
- Zackenschere

1 Aus dem grünen und blauen Stoff jeweils 1 Rechteck von 100 cm × 32 cm zuschneiden. Die Rechtecke rechts auf rechts aufeinanderlegen, feststecken und an 3 Seiten zusammensteppen. Das Rechteck wenden. Die offene Kante nach innen schlagen und absteppen.

2 Eine schmale Seite ca. 14 cm umklappen und mit grünem Sticktwist absteppen.

3 Aus dem blauen Stoff noch 2 kleine Rechtecke ausschneiden und die Vlieseline von links aufbügeln. Die Rechtecke mit der Zackenschere versäubern und oberhalb der umgeschlagenen Seite mit grünem Sticktwist aufsteppen.

TIPP: Wenn Sie keine kleinen Fächer benötigen, setzen Sie doch stattdessen ein Fach für Ihr Tablet oder Ihren E-Reader auf. Messen Sie die Geräte aus und geben Sie rundum noch ca. 1 cm Stoff dazu. Verfahren Sie ansonsten so, wie in Punkt 3 zu den kleinen Rechtecken beschrieben wurde.

SCHICKER SCHUHBEUTEL

Transportieren Sie Ihre neuen Schuhe mit Stil. In diesem schönen Beutel sind Ihre Lieblingsstücke gut geschützt und hübsch verstaut. Ob zu Hause oder auf Reisen – ein absolutes Muss für Schuhfreunde.

1 Den blauen Stoff rechts auf rechts zur Hälfte falten, die Seitennähte absteppen und die Kanten mit Zickzackstich versäubern. Den Schuhbeutel wenden.

2 Die Oberkante zweimal nach innen einschlagen und einen Tunnel nähen. An beiden Seiten ein kleines Loch in den Tunnel schneiden und die Kanten von Hand versäubern.

3 Das Satinband mithilfe der Sicherheitsnadel durch den Tunnel ziehen. Die Bandenden verknoten.

4 Das Schnitteil auf den rosa Stoffrest übertragen und in doppelter Stofflage ausschneiden. Das Vliesofix von links auf den Stoff bügeln, die Schuhe ausschneiden und auf den Beutel bügeln. Aus dem Stoffrest 2 kleine Schleifchen formen und zusammen mit der Zackenlitze auf den Schuh kleben.

Material

♥ Baumwollstoff in Blau, 24 cm × 80 cm
♥ Baumwollstoff in Rosa kariert, Rest
♥ Vliesofix, Rest
♥ farblich passendes Nähgarn
♥ Satinband in Rosa
♥ Zackenlitze in Rosa
♥ Sicherheitsnadel
♥ Textilkleber

Schnittmuster
Schnittmusterbogen 1B

APFEL-TÜRSTOPPER

Kunterbuntes Obst für Ihre Tür! Dieser Türstopper sorgt für frischen Wind in Ihren heimischen vier Wänden. Die farbenfrohen Stoffe machen richtig gute Laune und zaubern Ihnen ein Lächeln auf die Lippen.

Material
- Baumwollstoff in Rot mit Apfelmuster, Rest
- Baumwollstoff in Rot-Weiß gemustert, Rest
- Baumwollstoff in Grün gemustert, Rest
- farblich passendes Nähgarn
- Lederband in Grün
- Füllwatte
- Sand in kleinem Plastikbeutel

Schnittmuster
Schnittmusterbogen 1A

1 Die Schnittmuster in der angegebenen Größe auf die Stoffreste übertragen: Aus dem grünen Stoff 2 Blätter ausschneiden und aus den roten Stoffen ingesamt 4 Seitenteile und 1 runden Boden ausschneiden.

2 Die Blattteile rechts auf rechts aufeinanderlegen, feststecken und zusammennähen, dabei unten eine Wendeöffnung offen lassen. Das Blatt wenden und mit Füllwatte füllen.

3 Die 4 Apfelseiten nacheinander rechts auf rechts an den Längsseiten aneinandernähen und in die Spitze das Lederband und das Blatt einnähen.

4 Die aneinandergenähten Apfelseiten rechts auf rechts an den Boden nähen, dabei eine Wendeöffnung offen lassen. Den Apfel wenden und mit Füllwatte und dem »Sandsack« füllen. Die Wendeöffnung von Hand schließen.

KLEINE VOGELANHÄNGER

Ob Frühling oder Winter: Diese fliegenden Gesellen machen sich immer gut. Entweder hängen Sie sie in Ihren nächsten Strauß oder Sie benutzen sie als Geschenkanhänger und machen anderen eine Freude.

1 Den Stoff rechts auf rechts aufeinanderlegen. Das Schnittteil für den Vogel auf den Stoff übertragen und in doppelter Stofflage ausschneiden.

2 Die Stoffteile rechts auf rechts aufeinanderlegen und rundum zusammennähen, dabei eine 3 cm lange Wendeöffnung offen lassen. Den Vogel wenden und mit Füllwatte ausstopfen. Die Wendeöffnung von Hand schließen.

3 Das Satinband oben als Aufhängung an den Vogel nähen.

> **Material pro Vogel**
> Baumwollstoff in Weiß-Blau gemustert, Rest
> farblich passendes Nähgarn
> schmales Satinband in Rot-Weiß kariert
> Füllwatte
>
> Schnittmuster
> Schnittmusterbogen 1A

TIPP: Wer mag, kann das Schnittteil ganz nach Belieben vergrößern oder verkleinern und so eine kunterbunte Vogelschar in allen Größen nähen.

GENÄHTER BROTKORB

Frisches Brot und leckere Brötchen sind hier gut verstaut. Genießen Sie Ihr Sonntagsfrühstück und freuen Sie sich über die selbst genähte Kreation auf Ihrem Tisch.

Material
- Baumwollstoff in Blau mit Blumenmuster, 63 cm × 45 cm
- Baumwollstoff in Weiß-Blau kariert, 63 cm × 45 cm
- farblich passendes Nähgarn

1 Die beiden Stoffstücke links auf links aufeinanderlegen und mittig zu einem Rechteck von 31,5 cm × 45 cm falten.

2 Die untere und die seitliche Kante mit einer Nahtzugabe von 1,5 cm absteppen. Die Kanten versäubern.

3 Den Beutel auf die untere Nahtkante setzen, dabei die Ecken auseinanderziehen. Die Ecken (wie bei einer Milchtüte) 4 cm breit abstecken und absteppen.

4 Den Brotkorb wenden, sodass die Nähte innen liegen, und den Rand umkrempeln.

TIPP: Um dem Brotkorb mehr Festigkeit zu verleihen, können Sie ein entsprechendes Stück Vlieseline zwischen die beiden Stoffe legen und sie anschließend mittig falten und absteppen.

BANDANA-KLEIDERBÜGEL

Haben Sie noch ein altes Halstuch, das eigentlich zu schade zum Wegschmeißen ist? Perfekt! Beziehen Sie damit doch einen alten Kleiderbügel. So setzen Sie in Ihrem Kleiderschrank neue Akzente und schützen die empfindlichen Stoffe Ihres Lieblingsoutfits.

1 Die Füllwatte doppelt legen und um den Bügel legen. Die Watte 2 cm um den Bügel herum zuschneiden und die Watte mit ein paar Stichen rundum zusammennähen.

2 Den Umfang und die Länge des Bügels inklusive der Watte ausmessen. Aus dem Bandana-Halstuch in dieser Größe 1 Rechteck zuschneiden.

3 Den Stoff in der Mitte falten und in die Mitte ein kleines Loch für den Haken des Bügels schneiden. Den Stoff über den Haken des Bügels ziehen. Den Lavendel zwischen den Stoff und die Watte legen.

4 Den Stoff um den Bügel legen, an allen Kanten 0,5 cm einschlagen und von Hand zunähen.

Material
- Bandana-Halstuch
- farblich passendes Nähgarn
- Füllwatte
- Lavendel
- Kleiderbügel

TIPP: Sollten Sie kein altes Bandana-Halstuch haben, können Sie natürlich auch jeden anderen hübsch gemusterten Stoff mit den Maßen ca. 54 cm × 54 cm zum Beziehen des Kleiderbügels verwenden.

PATCHY SCHILDKRÖTE

Lassen Sie diesen kleinen Vierbeiner durch Ihre Wohnung krabbeln. Sein kunterbunter Panzer ist der ideale Farbklecks und das richtige Modell, um Stoffreste richtig in Szene zu setzen. Da schlagen nicht nur Kinderherzen höher.

1. Alle Schnittmuster auf die Stoffe übertragen und wie angegeben zuschneiden. Die Schnittmuster enthalten alle eine Nahtzugabe von 1 cm. Zunächst das Unterteil 1× aus dem gelben Stoff ausschneiden. Dann den gelben Stoff rechts auf rechts aufeinanderlegen und den Kopf 1× in doppelter Stofflage sowie die Vorder- und Hinterbeine je 2× in doppelter Stofflage daraus ausschneiden.

2. Das Seitenpanzerteil in der untersten Reihe 2× aus einem andersfarbigen Stoff und das Vorder- und Rückenpanzerteil in der mittleren Reihe ebenfalls 2× wieder aus einem anderen Stoff zuschneiden. Das Seitenpanzerteil der mittleren Reihe 2× in doppelter Stofflage aus 2 verschiedenen Stoffen zuschneiden und die Vorder- und Rückseite des Panzerteils ebenfalls 2× in doppelter Stofflage aus 2 verschiedenen Stoffen zuschneiden. Das oberste Panzersegment 1× aus einem der bisher verwendeten Stoffe zuschneiden.

3. Den Kopf rechts auf rechts legen und zusammennähen, dabei den Hals offen lassen, der in die Schildkröte genäht wird. Die Vorder- und Hinterbeine ebenfalls rechts auf rechts legen, absteppen und an der geraden Kante offen lassen. Die Teile wenden.

4. Aus dem weißen und schwarzen Filz die Augen zuschneiden und mit Textilkleber auf den Kopf kleben. Kopf und Beine mit Füllwatte befüllen und die Öffnungen von Hand schließen.

5. Die Panzerteile gemäß ihrer Beschriftung zusammensetzen und rechts auf rechts zusammennähen. Dafür am besten beim oberen Panzerteil beginnen. In der untersten Panzerreihe darauf achten, dass der Kopf vorne zwischen die vorderen Seitenteile mit eingenäht wird.

6. Die Vorder- und Hinterbeine seitlich an den Außenkanten mit den Beinen nach innen auf dem Unterteil platzieren und annähen.

7. Den Panzer rechts auf rechts auf das Unterteil legen, feststecken und absteppen, dabei an einer Seite eine Wendeöffnung lassen. Die Schildkröte wenden und mit Füllwatte ausstopfen. Die Wendeöffnung von Hand schließen.

Material

- Baumwollstoff in Gelb gemustert, Rest
- 6 Baumwollstoffe in verschiedenen Farben, Reste
- Filz in Weiß, Rest
- Filz in Schwarz, Rest
- farblich passendes Nähgarn
- Textilkleber
- Füllwatte

Schnittmuster
Schnittmusterbogen 1B

EIERWÄRMER
GLÜCKLICHE HÜHNER

Hier kommen nicht nur die Frühstückseier von glücklichen Hühnern! Diese kleinen Bewohner für Ihren Frühstückstisch halten Ihnen Ihre Eier warm und sorgen für den richtigen Schmelz auf dem Tisch.

Material pro Eierwärmer

- Bastelfilz in Gelb oder Hellblau, Rest
- Bastelfilz in Rot, Rest
- farblich passendes Nähgarn
- kleine Feder
- schwarzer Stift
- Zackenschere
- Zirkel
- Blatt Papier, DIN A4

1 Auf das Blatt Papier einen Kreis (ø ca. 18 cm) zeichnen, ausschneiden und vierteln. Ein Viertel als Schnittmuster nehmen, 2× auf den Filz übertragen und mit der Zackenschere ausschneiden.

2 Aus dem roten Filz den Schnabel und den Kamm zuschneiden, zwischen die beiden Filzteile legen und feststecken. Die Feder ebenfalls feststecken. Die Filzstücke an den Seitenkanten absteppen, dabei den Schnabel, den Kamm und die Feder mitfassen. Die untere Kante offen lassen.

3 Zum Schluss mit dem schwarzen Stift die Augen aufmalen.

TISCHSET
GLÜCKLICHE HÜHNER

Zu den Eierwärmern darf ein passendes Tischset natür-lich nicht fehlen. Es setzt Ihren Frühstückstisch nicht nur zu Ostern gekonnt in Szene.

Material
- Baumwollstoff in Weiß mit Blumenmuster, Rest
- dünner Filz in Rot und Gelb, Reste
- farblich passendes Nähgarn
- schwarzes Nähgarn

Schnittmuster
Schnittmusterbogen 1A

1 Den Stoff rechts auf rechts aufeinanderlegen. Das Schnittmuster für den Körper darauf übertragen und in doppelter Stofflage ausschneiden. Die Schnittmuster für den Kamm und den Kehlsack je 1× auf den roten Filz und den Schnabel 1× auf den gelben Filz übertragen. Anschließend die Teile zuschneiden.

2 Die beiden Körperhälften rechts auf rechts aufeinanderlegen und den Kamm, den Kehlsack und den Schnabel an der richtigen Position so dazwischenlegen, dass sie nach innen zeigen.

3 Die Körperhälften knappkantig rundum absteppen, dabei die Körperteile mitfassen und unten eine kleine Wendeöffnung offen lassen. Das Tischset wenden und die Wendeöffnung von Hand schließen. Mit dem schwarzen Nähgarn das Auge aufsticken.

EMIL EULE

Dieser kleine Federfreund möchte gerne geknuddelt werden. Er guckt Sie aus großen Augen an und wartet auf einen passenden Platz, an dem er sich zu Hause fühlen darf.

1 Die Schnittmuster auf die jeweiligen Stoffe übertragen. Die offenkantigen Schnittteile haben keine Nahtzugabe, der Körper und die Füße enthalten eine Nahtzugabe von 1 cm. Den Körper in doppelter Stofflage aus dem gelben Stoff ausschneiden. Die Augenpartie aus dem pinkfarbenen Stoff ausschneiden. Die Vlieseline auf die Rückseite bügeln.

2 Die Füße 2× in doppelter Stofflage aus dem pinkfarbenen Stoff zuschneiden. Jeweils 2 Teile rechts auf rechts aufeinanderlegen und mit einer Nahtzugabe von 1 cm absteppen. Dabei die gerade Kante unten offen lassen, an die die Eule genäht wird. Die Füße wenden und mit Füllwatte füllen. Die offenen Kanten schließen.

3 Die Stirn und den Bauch je 1× aus gemustertem Stoff zuschneiden und mit Vlieseline verstärken. Den Bauch und die Stirn auf die rechte Seite eines gelben Körperteils legen und knappkantig aufnähen.

4 Die Augenpartie oberhalb der Bauchpartie platzieren und ebenfalls knappkantig aufnähen. Aus dem weißen und schwarzen Filz die Augen zuschneiden und mit Textilkleber auf die Augenpartie kleben. Die Nase aus einem gemusterten Stoff ausschneiden, mit Vlieseline verstärken und mit Textilkleber auf die Augenpartie und den Bauch kleben.

5 Beide Körperteile rechts auf rechts aufeinanderlegen. Die Füße links und rechts an der unteren Seite so feststecken, dass sie innen liegen. Den Körper ringsum mit einer Nahtzugabe von 1 cm absteppen, dabei an der Innenseite eines Fußes beginnen und an der Innenseite des anderen Fußes enden, damit zwischen den Füßen eine Wendeöffnung offen bleibt. Die Eule wenden und mit Füllwatte füllen. Die Wendeöffnung von Hand schließen.

Material
♡ Baumwollstoff in Gelb, 35 cm × 36 cm
♡ Baumwollstoff in Pink, Rest
♡ Baumwollstoff in Weiß gemustert, 20 cm × 20 cm
♡ Baumwollstoff in Grün gemustert, 20 cm × 20 cm
♡ Filz in Weiß und Schwarz, Reste
♡ Vlieseline, Rest
♡ farblich passendes Nähgarn
♡ Textilkleber
♡ Füllwatte

Schnittmuster
Schnittmusterbogen 1B

WOLKEN— TOPFLAPPEN

Wunderbar weich sind diese Topflappen und Sie schützen auf wunderbare Weise Ihre Finger vor heißen Kochtöpfen. Entdecken Sie die neue Wattewölkchen für Ihre Küche.

1 Für einen Topflappen eine Wolke in gewünschter Größe auf Papier vorzeichnen. Das Schnittmuster ausschneiden. Den Stoff rechts auf rechts aufeinanderlegen, das Schnittmuster darauf übertragen und in doppelter Stofflage mit einer Nahtzugabe von 2 cm ausschneiden.

2 Die Stoffstücke rechts auf rechts aufeinanderlegen, feststecken und ringsum absteppen, dabei eine Wendeöffnung offen lassen. Die Wolke wenden und mit Füllwatte füllen.

3 Für die Aufhänger aus dem Stoff 2 schmale Streifen zuschneiden. Die Stoffstreifen rechts auf rechts aufeinanderlegen, feststecken und absteppen, dabei eine Wendeöffnung offen lassen. Den Aufhänger wenden.

4 Den Aufhänger in die offene Naht der Wolke stecken und die Wolke rundherum abnähen. Zum Schluss kleine Vertiefungen für die Struktur der Wolke abnähen.

Material
- Baumwollstoff in Blau
- farblich passendes Nähgarn
- Füllwatte
- Blatt Papier, DIN A4

NÜTZLICHE OFENHANDSCHUHE

Verbrannte Finger am Keksblech sind ab sofort Geschichte. Diese schützenden Ofenhandschuhe sorgen dafür, dass alles sicher aus dem Ofen kommt und Sie weiterhin Spaß am Kochen und Backen haben.

Material

- Leinenstoff in Türkis und Hellblau, je 60 cm × 30 cm
- evtl. Leinenstoff in Grau gestreift, 30 cm × 30 cm
- dicke Vlieseline zum Aufnähen, 60 cm × 30 cm
- farblich passendes Nähgarn
- Baumwollband in Türkis oder Blau
- Baumwoll- oder Schrägband in Türkis oder Blau
- Geodreieck
- Pappe, DIN A4

1 Einen Leinenstoff mit der rechten Seite nach unten ausbreiten, die Vlieseline darauflegen und den zweiten Leinenstoff mit der linken Seite darauflegen. Mit Stecknadeln fixieren. Mithilfe des Geodreiecks ein Raster auf die obere Stofflage zeichnen und absteppen.

2 Für das Schnittmuster auf die Pappe den Umriss einer genügend großen Hand aufzeichnen und ausschneiden. Das Schnittmuster 2× auf den Stoff übertragen und mit einer Nahtzugabe von 1 cm ausschneiden.

3 Die Vorder- und Rückseite des Handschuhs rechts auf rechts aufeinanderlegen. Ca. 20 cm vom Baumwollband abschneiden, links auf links zur Hälfte legen und die Enden mit einem Abstand von ca. 2 cm von der geraden Kante zwischen die Vorder- und Rückseite des Handschuhs legen. Die Schlaufe zeigt dabei nach innen. Den Handschuh rundum feststecken und absteppen, dabei die gerade Kante offen lassen. Den Handschuh wenden.

4 Die offene Kante mit dem Baumwoll- oder dem Schrägband einfassen.

TIPP: Wer die Vorderseite des Handschuhs gerne wie auf dem Foto aus zwei Stoffen haben möchte, steppt zuerst den grau gestreiften Stoff an einen unifarbenen und verwendet dieses Stoffteil als Oberseite.

BANDANA-LAMPENSCHIRM

Hell erleuchtet werden Ihre heimischen vier Wände mit diesem Halstuch-Lampenschirm. Er ist schnell gemacht und ein absoluter Hingucker.

1 Den Umfang und die Höhe des Lampenschirms ausmessen und für den Rand oben und unten jeweils 2,5 cm dazurechnen.

2 So viele verschiedene Bandana-Halstücher rechts auf rechts aneinandernähen, dass 1 Rechteck mit den entsprechenden Maßen entsteht.

3 Das Bandana-Rechteck mit der linken Seite nach unten um den Lampenschirm legen und auf der Innenseite des Lampenschirms mit doppelseitigem Klebeband fixieren. Zum Schluss noch das Lampenkabel einsetzen.

Material
- Bandana-Halstücher in verschiedenen Farben und Mustern, je ca. 54 cm × 54 cm
- farblich passendes Nähgarn
- doppelseitiges Klebeband
- Lampenkabel
- alter Lampenschirm

TIPP: Wenn Sie kein Bandana-Halstuch zur Hand haben, können Sie auch Geschirrtücher verwenden. Mit tollem Druck werden Sie zum Hingucker in Ihrer Küche.

TISCHDECKE MIT PATCHWORKBORDÜRE

Eine alte Tischdecke peppen Sie ganz schnell mit einer neuen Patchwork-Bordüre auf. Staunen Sie, wie einfach und effektiv Sie Ihre Kaffeetafel verändern können.

1. Für die Patchworkbordüre aus den sommerlichen Stoffen jeweils Quadrate à 16 cm × 16 cm zuschneiden.

2. Jeweils so viele Quadrate rechts auf rechts aneinandernähen, dass die Quadratreihe der Länge bzw. der Breite der Tischdecke entspricht. Die untere Kante der Stoffreihe säumen und die obere Kante der Stoffreihe rechts auf rechts an die Tischdecke nähen.

3. Auf die gleiche Weise alle vier Seiten der Tischdecke mit einer Bordüre versehen.

Material
- verschiedene Stoffe in sommerlichen Farben gemustert, Reste
- farblich passendes Nähgarn
- Tischdecke in Blau

TIPP: Für die Patchworkbordüre benötigen Sie nicht unbedingt neue Stoffe. Vielleicht haben Sie ja ein paar ausgediente Baumwoll-Blusen mit einem passenden Muster, die Sie hier wiederverwenden können.

GEWICKELTE BESTECKTASCHE

Ihr Besteck für unterwegs können Sie in dieser Bestecktasche besonders hübsch verwahren. Ob im heimischen Schrank, fürs nächste Picknick oder für die Mittagspause im Büro. Hier finden Sie alles griffbereit.

Material
- Stoff in uni Lila, 32 cm × 60 cm
- Stoff in Lila gemustert, 32 cm × 40 cm
- Nähgarn in Lila
- Satinband in Lila, ca. 60 cm

1. Beide Stoffe je rechts auf rechts zur Hälfte falten. Die offenen Kanten mit Stecknadeln feststecken und die Seiten zusammensteppen. Beides wenden und bügeln.

2. Die offene Kante der gemusterten Tasche ca. 5 cm nach innen schlagen und knappkantig feststeppen.

3. Den unifarbenen Stoff mit der offenen Kante voraus in die Tasche stecken und die Seitenkanten knappkantig aufeinandernähen.

4. Das Besteck in die Tasche stecken und die Zwischenräume mit Stecknadeln markieren. Das Besteck wieder herausnehmen. Die Besteckfächer mit Nähten unterteilen.

5. Das Satinband von Hand an einer Seite der Tasche annähen. Die Bandenden mit einem Feuerzeug vorsichtig erhitzen, um das Band vor dem Ausfransen zu schützen.

TIPP: Diese Tasche eignet sich nicht nur für Besteck. Sie können hier auch Stifte, Pinsel oder Nadelspiele zum Sockenstricken verstauen.

FÄCHERWAND FÜRS BÜRO

Eine ganz neue Art, Ordnung zu schaffen, ist die Fächerwand für Ihr Büro. Lassen Sie Ihren Krimskrams in den dafür vorgesehenen Taschen verschwinden und freuen Sie sich über einen wunderbar aufgeräumten Schreibtisch.

1 Für die Rückwand des Utensilos die Vlieseline auf die linke Seite des beigefarbenen Filzes bügeln.

2 Für die Einstecktaschen nach Belieben unterschiedlich große Rechtecke und Dreiecke aus dem rosafarbenen, grauen und taupefarbenen Filz zuschneiden. Die Taschen auf der rechten Seite der Filzrückwand platzieren, feststecken und knappkantig aufsteppen. Die Nähte mit Edding oder Stoffmalstift nachzeichnen.

3 Für die Aufhängung die Rückwand an der oberen Kante 3 cm umschlagen und einen Tunnel absteppen. Das Rundholz in den Tunnel schieben. Die Kordel links und rechts in den Tunnel legen und die Öffnung mit der Kordel dazwischen von Hand schließen.

Material

Filz in Beige,
50 cm × 70 cm

Filz in Rosa, Grau und
Taupe, je ca. 20 cm

starke Vlieseline
zum Aufbügeln,
50 cm × 70 cm

farblich passendes
Nähgarn

weißer Edding oder
Stoffmalstift

Kordel, ca. 70 cm

Rundholz, ø 1 cm, 46 cm

KREATIVE GARTENSCHÜRZE

Hier kommt Ihre alte Jeans zu neuen Ehren und findet ein ganz neues Einsatzgebiet. Machen Sie Gartenfreunden eine Freude und zeigen Sie ihnen, was sich alles aus alten Lieblingsstücken machen lassen kann.

1. Die Hosenbeine der alten Jeans ca. 2 cm unterhalb der Gesäßtaschen abschneiden. Auch die Längsnähte aufschneiden, sodass man nur noch den »Gesäßbereich« der Jeans vor sich liegen hat. Die unteren Ecken des Jeansstücks mit einer Schere abrunden.

2. Das Schrägband um die aufgeschnittenen Jeanskanten legen, feststecken und absteppen.

3. Eine der beiden Hosentaschen mit einem Nahttrenner von der Jeans abtrennen. Die abgetrennte Hosentasche auf den geblümten Stoff legen, die Umrisse mit einer Nahtzugabe von 1 cm anzeichnen und ausschneiden.

4. Die Kanten des geblümten Stoffes ringsum 1 cm umschlagen und feststecken. Die Spitzenborte auf die Breite der Hosentaschen plus 1 cm zuschneiden und bündig an der Oberkante der Hosentasche feststecken. Die Spitzenborte auf die Oberkante der Hosentasche nähen.

5. Die Hosentasche wieder auf die abgetrennte Stelle legen und feststecken. Die Tasche an den Seiten und der Unterkante auf die Jeans nähen. Die Oberkante bleibt offen.

6. Für die zweite Hosentasche aus dem geblümten Stoff 1 Streifen von 5 cm × Taschenbreite plus 2 cm Nahtzugabe zuschneiden. Den Streifen ringsum säumen. Dann mittig auf die Hosentasche legen und mit Stecknadeln fixieren. Beide Kanten und eine mittige Unterteilung absteppen.

7. Aus dem restlichen Stoff der beiden Jeanshosenbeine 2 Schläuche à 5 cm Breite und beliebiger Länge (auf eigene Hüftbreite abgemessen) nähen. Die Jeansschläuche bündig mit der Oberkante der Schürze (Hosenbund) an der Schürze festnähen.

Material
- alte Jeans
- Baumwollstoff in Weiß mit Blumenmuster, Rest
- farblich passendes Nähgarn
- Schrägband in Weiß-Flieder kariert
- Spitzenborte, ca. 4 cm breit

ALLGEMEINE ANLEITUNG

EINLAGEN

Einlagen verwendet man, um Nähobjekten an bestimmten Stellen Festigkeit und Formbeständigkeit zu verleihen. Es gibt Vlieseinlagen und gewebte Stoffeinlagen zum Aufbügeln oder Einnähen, bekannt unter dem Markennamen Vlieseline. Bei der Wahl einer geeigneten Einlage müssen Qualität sowie Bügel- und Pflegeeigenschaften des Stoffes berücksichtigt werden. Besonders beliebt sind Bügeleinlagen, da sie leicht zu verarbeiten sind.

Das angebotene Sortiment an Einlagen ist sehr vielfältig. Grundsätzlich gilt: Je größer die Fläche, desto fester die Einlage. In der folgenden Aufstellung finden Sie Informationen zu verschiedenen Einlagen und Vliesstoffen.

S 320

Leichte und sehr feste Einlage für Deko- und Baumwollstoffe, auch Schabrackeneinlage genannt. Eignet sich z.B. für Stoffkörbchen, Taschen oder Bastelarbeiten.

H 630

Ein Volumenvlies, das den Nähstücken einen wattierten Effekt und eine gleichmäßige, feste Oberfläche verleiht.

DECOVIL I

Eine aufbügelbare Einlage mit lederähnlichem Griff. Sie ist reißfest, schnittkantenfest und unempfindlich gegen Knicke.

VLIESOFIX

Eine beidseitig haftende und aufbügelbare Vlieseline. Sie eignet sich hervorragend für Applikationen.

S 105

Feste, stabilisierende Einlage zum Aufnähen, für Stoffe, die sich nur bedingt oder gar nicht für eine Bügeleinlage eignen, wie z.B. Frottier oder folienbedruckte Stoffe. Zweckmäßig z.B. für robuste Einkaufstaschen.

TIPP: Die perfekte Einlage für mittelgroße Taschen können Sie selbst zusammenstellen: Eine Lage H 250 oder S 320, darüber H 630. An den Befestigungsstellen für die Träger und für die Taschenböden am besten Decovil I auf den Futterstoff bügeln. So erhält die Tasche eine wunderbare Haptik und genau die richtige Stabilität.

VERSTÄRKEN MIT VLIESELINE

In Schnitten und Anleitungen ist meist vorgegeben, welche Schnittteile mit welcher Art von Einlage versehen werden sollen. Aufbügelbare Einlagen sind hierbei am einfachsten zu handhaben. Sie besitzen eine gekörnte Klebeseite, die sich durch Bügeln mit dem Stoff verbindet, sodass nichts mehr verrutschen kann. Eine Bügelempfehlung ist bei den Vlieseline-Einlagen auf dem Kantendruck zu finden. Zuerst sollte eine Probe auf einem entsprechenden Stoffrest gemacht werden, um die Haftung zu prüfen.

VLIESELINE ZUSCHNEIDEN

Zum Zuschneiden der Vlieseline die entsprechenden Papierschnittteile auf die Vlieseline stecken, dabei wie beim Stoff den Fadenlauf berücksichtigen. Für halbe Schnittteile die Vlieseline doppelt legen und das Schnittteil im Bruch feststecken. Dann alle Teile mit Nahtzugaben ausschneiden, diese jedoch knapper bemessen als beim Stoff. Beim Auflegen von asymmetrischen Schnittteilen darauf achten, dass die gekörnte Klebeseite später auf die linke Stoffseite aufgebracht wird. Werden die Schnittteile auf die gekörnte Seite aufgelegt, müssen sie also umgedreht und spiegelverkehrt zugeschnitten werden.

VLIESELINE AUFBÜGELN

Den Vlieselinezuschnitt mit der gekörnten Seite auf die linke Stoffseite legen und nach den Bügelempfehlungen aufbügeln. Dabei laut Herstelleranweisung Schritt für Schritt oder langsam gleitend vorgehen und an jeder Stelle einige Sekunden leicht aufdrücken. Die verstärkten Stoffteile vor der Weiterverarbeitung etwa 20 Minuten abkühlen lassen.

REISSVERSCHLUSS EINNÄHEN

Reißverschlüsse sind beim Nähen nicht wegzudenken und eine praktische Verschlusslösung für Schlitzöffnungen an Näharbeiten.

Die einfachste Arbeitsweise ist hierbei ein beidseitig verdeckter Reißverschluss, bei dem die Einsteppnaht auf der rechten Stoffseite sichtbar ist. Diese Methode wird häufig bei Kissen und Taschen angewendet. Hierfür sind Reißverschlüsse mit Kunststoffspirale empfehlenswert, da sie biegsamer sind als solche mit Zähnchen. Beim

Einarbeiten eines Reißverschlusses ist es wichtig, dass die Länge von Schlitzöffnung und Spirale oder Zähnchenreihe des Reißverschlusses übereinstimmt, damit er später tadellos sitzt und funktioniert. Werden Reißverschlüsse mit Baumwollband verwendet, sollten diese vorgewaschen werden, um ein späteres Einlaufen zu verhindern. Bei leichten und dehnbaren Stoffen erleichtert es das Einnähen, wenn zuerst die Nahtzugaben mit einer leichten Bügeleinlage verstärkt werden.

REISSVERSCHLUSS EINNÄHEN

1 An der Schlitzöffnung die Nahtzugaben versäubern, eventuell verstärken und nach links umbügeln. Den Stoff wenden.

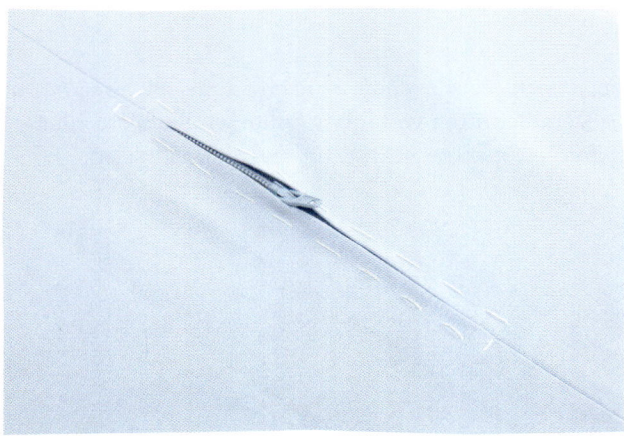

2 Nun den Reißverschluss in den Schlitz legen und an den Schlitzseiten mit Stecknadeln so unter die Stoffkanten stecken, dass die Spirale oder Zähnchenreihe nicht sichtbar ist. Die beiden Stoffkanten sollten genau in der Mitte über der Spirale oder Zähnchenreihe zusammenstoßen. Hilfreich können dabei schmale, transparente Klebestreifen sein, die auf der rechten Seite längs auf die Kanten geklebt werden und diese so in Position halten. Oben an der Reißverschlussöffnung muss der Gleiter etwas unterhalb der Nahtlinie sitzen, am unteren Ende ist das Endteil der Spirale bzw. der untere Stopper von der Naht verdeckt. Den Reißverschluss einheften und die Klebestreifen entfernen.

An der Nähmaschine den Reißverschlussfuß einsetzen. Zum Nähen der linken Reißverschlussseite muss der Fuß rechts im Nähfußhalter eingerastet sein, sodass die Nadel rechts vom Fuß einsticht. Den Reißverschluss öffnen. Oben an der linken Schlitzkante mit der kurzen Quernahthälfte beginnen, dann den Stoff um 90° drehen und dabei die Nadel im Stoff lassen. Nun so dicht neben der Schlitzkante entlangsteppen, wie es die Breite der Spirale oder Zähnchenreihe zulässt. Einige Zentimeter vor dem Bandende stoppen, dabei die Nadel im Stoff lassen. Den Nähfuß anheben und den Reißverschluss schließen. Den Nähfuß wieder senken und bis zum Bandende steppen.

Den Stoff um 90° drehen und die kurze Quernaht steppen. Den Stoff erneut um 90° drehen und einige Zentimeter nähen, dann den Reißverschluss wieder öffnen. Im gleichen Abstand zur Schlitzkante die rechte Reißverschlussseite bis zum oberen Ende einnähen und die Quernaht vervollständigen. Zuletzt den Heftfaden entfernen.

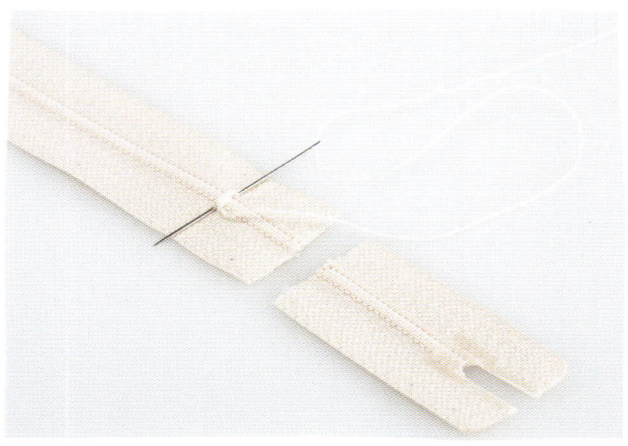

REISSVERSCHLUSS KÜRZEN

Reißverschlüsse werden in sehr vielen Maßen angeboten, jedoch nicht in allen. Je nach Länge sind sie in 2 cm bis 5 cm-Schritten verfügbar. Sollte ein Reißverschluss in der gewünschten Länge einmal nicht erhältlich sein, kann man längere Reißverschlüsse auch selbst kürzen. Nicht teilbare Verschlüsse werden am unteren Ende gekürzt. Dafür einfach einen Riegel nähen und das überschüssige Ende mit ca. 1,5 cm Abstand zum Riegel abschneiden. Dann den Reißverschluss ganz normal einnähen.

KNOPFLOCH UND KNOPF

MASCHINENKNOPFLOCH

Ein Knopfloch sollte etwa 2 mm länger sein als der Durchmesser des Knopfes. Es besteht aus zwei Längsnähten in Raupenstichen, das sind sehr enge Zickzackstiche, und zwei Querriegeln an den Enden. Die Stich-

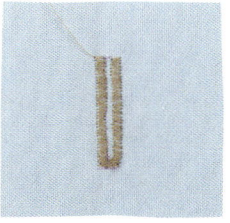

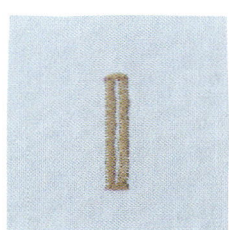

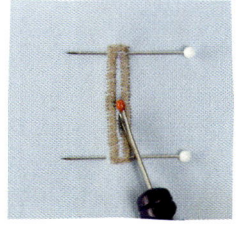

länge für die Riegel ist immer doppelt so lang wie für die Raupen. Eventuell muss die Oberfadenspannung etwas verringert werden.

1 Länge und Lage des Knopfloches auf die rechte Stoffseite zeichnen. Einen 2–3 mm breiten, dichten Zickzackstich einstellen. Per Handrad die Maschinennadel in die linke Position bringen und links, am Beginn der ersten Längsraupe, in den Stoff führen. Nun die erste Raupe in der entsprechenden Länge nähen. Am Ende der Raupe die Nadel rechts im Stoff belassen.

2 Den Nähfuß anheben, den Stoff um 90° drehen und den Nähfuß wieder senken. Die Nadel in die obere Position bringen, die Stichbreite verdoppeln und für den Querriegel 4–6 Stiche nähen. Links stoppen und die Nadel im Stoff belassen.

3 Den Stoff nochmals um 90° drehen, die Nadel in die obere Position bringen und die Stichbreite erneut auf 2–3 mm einstellen. Die zweite Längsraupe dicht neben der ersten nähen, dabei aber darauf achten, dass sich die Stiche der beiden Raupen nicht überschneiden. Am Ende links stoppen und die Nadel im Stoff belassen.

4 Den Stoff erneut drehen und die Nadel anheben. Wieder die doppelte Stichbreite einstellen und den zweiten Querriegel nähen. Dann die Stichbreite auf 0 stellen und zum Sichern von Anfangs- und Endfaden einige Stiche auf der Stelle nähen. Alle Fäden auf die linke Seite ziehen und vernähen.

5 Innerhalb des Knopfloches vor die Riegel zum Schutz je eine Stecknadel stecken und das Knopfloch mit einer spitzen, kleinen Schere oder dem Nahttrenner aufschneiden. Die Stecknadeln entfernen.

KNÖPFE ANNÄHEN

Sorgfältig ausgesuchte Knöpfe können einem Nähmodell interessante Akzente verleihen. Sie können mit der Hand oder der Nähmaschine befestigt werden. Vor dem Aufnähen sollten die Knöpfe probeweise aufgelegt und ihre Position markiert werden.

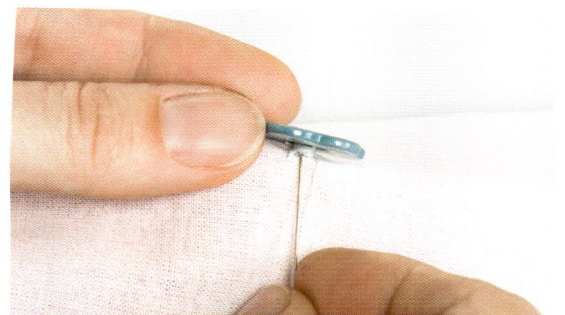

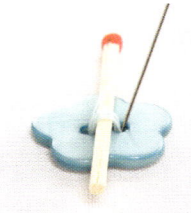

Flache Durchnähknöpfe mit 2–4 Löchern, die leicht auf- und zuknöpfbar sein müssen, sollten mit einem Fadensteg bzw. Stiel gearbeitet werden. Reine Zierknöpfe können ganz flach aufgenäht werden.

VON HAND

Den Nähfaden in die Handnähnadel einfädeln, bis zur Hälfte durchziehen und beide Enden miteinander verknoten. Die Nadel von rechts durch den Stoff stechen und den Faden bis zum Knoten durchziehen. 2–3 mm daneben wieder von unten nach oben ausstechen, die Nadel durch den Knopf führen und durch das zweite Loch zurück stechen.

Wird ein Steg benötigt, ein Streichholz oder einen Zahnstocher als Abstandhalter zwischen den Löchern auflegen, bevor der Faden angezogen wird. Einige weitere Stiche nähen, dann die Nadel zwischen Stoff und Knopf ausstechen. Den Abstandhalter entfernen und die Fäden zwischen Knopf und Stoff dicht mit dem Faden umwickeln, um den Steg zu stabilisieren. Das Fadenende zum Sichern durch den Stiel nach oben ziehen und abschneiden.

MIT DER MASCHINE

Den Knopfannähfuß einsetzen und den Zickzackstich mit Stichlänge 0 einstellen. Beim Knopf den Abstand von Lochmitte zu Lochmitte exakt ausmessen und die Stichbreite entsprechend einstellen. Die Nadel in die linke Position bringen und per Handrad durch das linke Knopfloch stechen. Den Fuß absenken und einige Stiche in beide Löcher nähen. Die Stichbreite auf 0 stellen und die Fäden einige Stiche in das gleiche Loch nähen. Den Oberfaden zur Rückseite führen, mit dem Unterfaden verknoten und die Enden abschneiden.

Auch hier kann ein Abstandhalter aufgelegt werden. Diesen nach dem Annähen des Knopfes entfernen und Ober- und Unterfaden ca. 15–20 cm lang abschneiden. Beide in eine Handnähnadel einführen, den Steg zwischen Knopf und Stoff fest umwickeln und die Fäden zum Sichern nach oben durchziehen.

STOFFBEZOGENE KNÖPFE

Wenn sich im Kurzwarenangebot mal keine passenden Verschlüsse finden, können individuelle Knöpfe mit wenig Aufwand selbst hergestellt werden. Sie können mit Stoff, Bändern und anderen formbaren Materialien bezogen werden. Sogenannte Grundknöpfe gibt es in verschiedenen Größen aus Messing oder Kunststoff. Sehr einfach gelingt das Beziehen mit im Fachhandel erhältlichen Fertigpackungen, denen zusätzlich zwei Plastik-Werkzeugteile beigefügt sind.

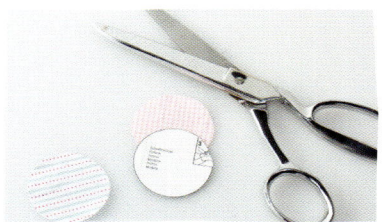

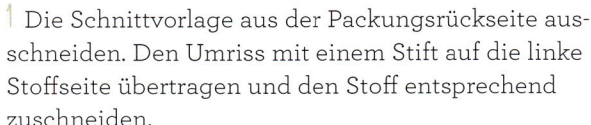

1 Die Schnittvorlage aus der Packungsrückseite ausschneiden. Den Umriss mit einem Stift auf die linke Stoffseite übertragen und den Stoff entsprechend zuschneiden.

2 Das Stoffteil mit der rechten Seite nach unten auf die weiße Plastikform legen. Den Knopf mit der gewölbten Seite nach unten in die Öffnung drücken. Überstehende Stoffkanten nach innen legen und falls nötig mithilfe einer Nadel an den Zacken befestigen.

3 Die Knopfrückseite auflegen, sodass der Schriftzug PR lesbar nach oben zeigt, und mit der blauen Plastikkappe fest andrücken, bis sie einrastet.

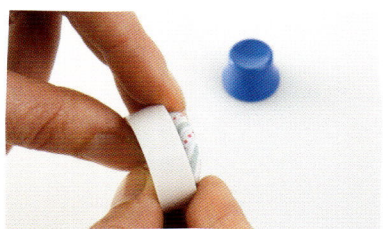

4 Zuletzt den fertigen Knopf von unten aus der Form herausschieben.

BÄNDER UND BORTEN

Wer funktionales Nähen mit Kreativität verbinden möchte, findet im Bänder- und Bortenangebot eine inspirierende Vielfalt. So eignen sich Zackenlitzen, Pomponborten, Schrägband und Spitze sowohl zum Annähen an Stoffkanten als auch zum dekorativen Aufnähen. Paspeln werden zur Kantenverzierung, z. B. bei Kissen, zwischen den Stofflagen mit eingenäht.

bedrucktes Dekoband
Samtband
breite Zackenlitze

Klöppelspitze

Webband

Paspelband

gefalztes Schrägband

schmale Zackenlitze

Klöppelspitze

Webband

gefalztes Schrägband

Blümchenborte

Pomponborte

SÄUME NÄHEN

Säume sind offene Kanten, die nach innen eingeschlagen und dann festgenäht werden. Ihre Verarbeitung hängt vor allem vom Material und der Schnittform, aber auch von der gewünschten Optik ab.
Je nachdem, welcher Stich gewählt wird, ist die Naht auf der rechten Stoffseite sichtbar oder unsichtbar. Schmale

Säume eignen sich für feine Stoffe, breite Säume für dickere und schwere Qualitäten.
Zum Einhalten der exakten Saumzugabe beim Nähen ist der Einsatz eines Führungslineals oder eines magnetischen Kantenführers sehr hilfreich.

EINFACHER UND DOPPELTER SAUM

Einfache und doppelte Säume werden am häufigsten gearbeitet, weil sie stabil, schnell genäht und fast überall einsetzbar sind. Sie unterscheiden sich lediglich durch die Breite der eingeschlagenen Saumzugabe. Beim einfachen Saum ist die erste eingeschlagene Zugabe schmaler als der Saum selbst, bei einem doppelten Saum wird zweimal die gesamte Saumbreite eingeschlagen. Die Saumbreite kann dabei je nach gewünschter Optik und Verwendungszweck variieren.

Die Fotos zeigen einen einfachen Saum mit 2 cm fertiger Breite. Dafür zwei Linien im Abstand von 2 cm und 5 cm parallel zur Stoffkante einzeichnen.

Nun den Einschlag 1 cm breit nach links umbügeln, sodass die Kante an der ersten Linie anstößt. Dann die Saumzugabe 2 cm breit zur zweiten Linie hin umbügeln.

Den Saum mit Stecknadeln quer zur Nahtlinie feststecken und danach schmalkantig zur oberen Saumkante absteppen.

Möchte man einen doppelten Saum mit 2 cm Breite nähen, so sind dafür zwei Linien im Abstand von 2 cm und 6 cm notwendig. Im ersten Schritt wird der Einschlag 2 cm zur ersten Linie nach innen gebügelt, im zweiten Schritt dann noch einmal 2 cm zur zweiten Linie. Der Stoff liegt jetzt über die gesamte Saumbreite dreilagig.

OFFENKANTIGER SAUM

Ein offenkantiger Saum eignet sich für Stoffkanten, die nur geringen Belastungen ausgesetzt sind. Dafür die Schnittkante zuerst mit Zickzackstich versäubern. Dann die Saumzugabe nach links umlegen und feststecken. Anschließend mit Geradstich absteppen.

ABGEKURBELTER SAUM

Mit Abkurbeln bezeichnet man das Nähen mit dicht eingestelltem Zickzackstich. Schnittkanten von sehr dünnen Stoffen sowie einfache Rüschen aus feinen Stoffen werden häufig abgekurbelt.

1 Die Saumzugabe nach links umbügeln. Dann von der rechten Stoffseite aus die Zugabe quer zur Kante feststecken und mit dicht eingestelltem Zickzackstich über den Stoffbruch nähen.

2 Auf der linken Seite die überstehende Stoffkante vorsichtig dicht neben den Stichen abschneiden.

EINGEFASSTER SAUM

Beim Einfassen wird ein Band, z. B. fertig gefalztes Schrägband, um die Stoffkante gelegt und festgenäht.

1 Das Band auffalten, eine Längsseite mit der rechten Band- auf die linke Stoffseite bündig an die Schnittkante stecken, dann im Bügelfalz, also eine Viertel-Bandbreite von der Kante entfernt, feststeppen. Die Naht bügeln.

2 Das Band mit eingeschlagener Falzkante um die Stoffkante zur rechten Seite umlegen, sodass die erste Naht verdeckt ist, und knappkantig feststeppen. Bleiben die Bandenden sichtbar, werden sie vor dem Aufstecken des Bandes nach innen eingeschlagen und gebügelt.

SAUM MIT BAND

Farbige Paspelbänder, Zackenlitzen oder Spitzen geben jedem Saum das gewisse Etwas. Vor allem runde Kanten lassen sich schnell mit elastischen Bändern säumen.

1 Das gewünschte Band rechts auf rechts an der Schnittkante entlang feststecken oder anheften, dann mit Zickzack- oder Overlockstich annähen.

2 Nun das Band nach unten umklappen und die Naht bügeln. Auf der rechten Seite den Stoffrand so absteppen, dass dabei das Band fixiert wird. Zum Annähen von Paspeln den Reißverschlussfuß verwenden, er ermöglicht ein Steppen dicht entlang der Paspelkante.

TUNNELZUG

Mit einem eingearbeiteten Tunnelzug lässt sich die Weite eines genähten Teiles schnell und praktisch auf eine gewünschte Breite zusammen- und wieder auseinanderschieben. Er kann z. B. an Beuteln auch als Verschluss dienen. Beim Zusammenziehen bildet der obere Rand dann eine hübsche Rüsche. Größere Stoffreste können prima zum Herstellen von Beuteln in verschiedenen Größen, Formen und Farben verwertet werden. Sie sind sehr nützlich zum Aufbewahren von allerlei Dingen und eignen sich auch als schöne Verpackung für Geschenke.

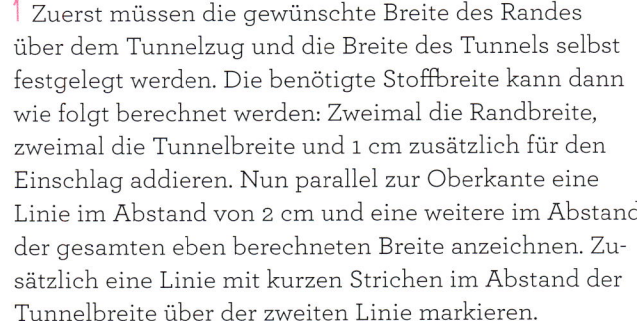

1 Zuerst müssen die gewünschte Breite des Randes über dem Tunnelzug und die Breite des Tunnels selbst festgelegt werden. Die benötigte Stoffbreite kann dann wie folgt berechnet werden: Zweimal die Randbreite, zweimal die Tunnelbreite und 1 cm zusätzlich für den Einschlag addieren. Nun parallel zur Oberkante eine Linie im Abstand von 2 cm und eine weitere im Abstand der gesamten eben berechneten Breite anzeichnen. Zusätzlich eine Linie mit kurzen Strichen im Abstand der Tunnelbreite über der zweiten Linie markieren.

Ein Beispiel: Der hier abgebildete Beutel hat eine fertige Randbreite von 4,5 cm und einen 1,5 cm breiten Tunnel. Der Tunnelzug benötigt also 13 cm Stoff. Die durchgezogenen Linien werden hier bei 2 cm und 13 cm, die kurzen Striche bei 11,5 cm gesetzt. Zwischen den letzten beiden Linien bleibt später der Tunnelzug offen.

2 Jetzt alle Seitennähte bis auf die Tunnelöffnung schließen. Dann die obere Schnittkante zuerst 1 cm bis zur ersten Linie, dann nochmals bis zur zweiten durchgezogenen Linie nach links umbügeln und knappkantig feststeppen. Nun für den Tunnel eine Parallelnaht im Abstand der Tunnelbreite zur untersten Linie nach oben versetzt von rechts steppen.

3 Mit einer Sicherheits- oder Gummidurchziehnadel eine Kordel durch den Tunnelzug ziehen.

AUFGESETZTE TASCHE

Taschen sind nicht nur praktisch, sie können je nach Verarbeitung auch optische Akzente setzen. Eine Tasche aus einfacher Stofflage ist schnell genäht und macht Kleidungsstücke oder Wohnaccessoires noch dekorativer.

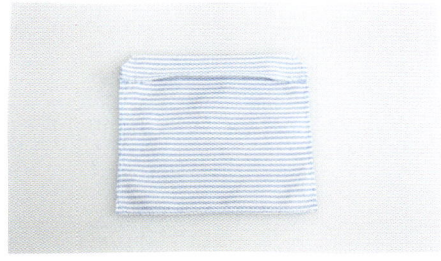

ECKIGE TASCHE

1 Eine Tasche in der gewünschten Größe zuschneiden. Dabei an der Oberseite ca. 1,5–3 cm und an den übrigen Kanten 1 cm Nahtzugabe berücksichtigen. Die Schnittkanten rundherum versäubern. Die obere Zugabe nach rechts umlegen und an den seitlichen Stoffkanten mit 1 cm Nahtzugabe zusammennähen. Die Ecken schräg abschneiden.

2 Den oberen Teil der Tasche wenden und, falls gewünscht, die umgeschlagene obere Kante noch einmal von der Vorderseite absteppen. Die übrigen Zugaben nach links umlegen und festheften. Die fertige Tasche an der entsprechenden Stelle des Modells aufstecken, dabei die Oberkante für den Eingriff etwas locker lassen, sodass sie eine leichte Wölbung bildet. Dann festheften und schmalkantig aufsteppen.

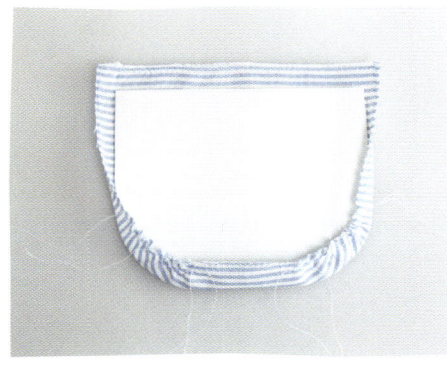

ABGERUNDETE TASCHE

Eine abgerundete Tasche wird wie eine eckige Tasche gearbeitet. Um jedoch schöne Rundungen zu erhalten, sollte zunächst entsprechend dem Schnittmuster eine Taschenschablone ohne Zugaben aus dünner Pappe angefertigt werden. Die Tasche mit Nahtzugaben aus dem Stoff ausschneiden und die obere Kante wie beschrieben verarbeiten. Dann entlang der Rundungen dicht neben der Schnittkante jeweils lange Stiche (4–6 mm) steppen, dabei die Fäden nicht sichern. Nun die Schablone auf die linke Seite der Tasche legen. Die Unterfäden der Einkräuselnaht festhalten und die Nahtzugaben zusammenschieben, bis sie flach auf der Schablone liegen. Die Fäden verknoten und die Schablone entfernen. Zuletzt die Tasche bügeln, dann an der entsprechenden Stelle aufstecken und festnähen.

APPLIZIEREN

Applikationen sind fertig gekaufte oder selbst gemachte Stoffmotive, die mit der Maschine oder von Hand, z. B. mit Langettenstichen, auf Näharbeiten aufgenäht werden. Sie eignen sich hervorragend zur Dekoration oder zum hübschen Kaschieren defekter Stellen. Besonders schnell und einfach geht das Applizieren mit Vliesofix-Haftvlies, das zwei Stoffe durch Bügeln miteinander verbindet. So können ein Verrutschen des Motivs beim Aufnähen sowie Faltenbildung verhindert werden. Das Motiv kann zuvor auf die spezielle Papierbeschichtung des Haftvlieses übertragen werden. Es ist empfehlenswert, beim Bügeln ein dünnes Tuch oder Backpapier zwischen Vliesofix und Bügeleisen zu legen, damit nichts am Eisen haften bleibt.

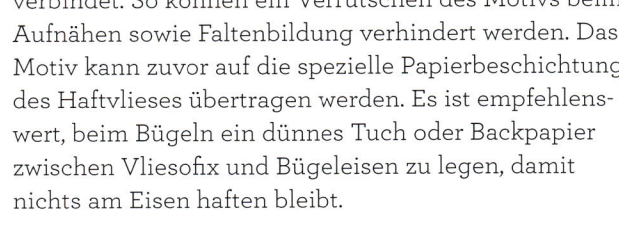

1 Das Muster auf die Vliesofix-Papierseite legen und, falls nicht anders angegeben, mit Bleistift oder Kugelschreiber ohne Nahtzugabe übertragen. Bei asymmetrischen Motiven, wie z. B. bestimmten Buchstaben und Zahlen, darauf achten, dass sie spiegelverkehrt aufgezeichnet werden, damit sie später richtig erscheinen. Das Motiv großzügig ausschneiden und mit der rauen Klebeseite auf die linke Seite des Applikationsstoffes legen. Dabei den Fadenlauf beachten. Nun das Motiv mit mittlerer Temperatur ca. 5 Sekunden trocken aufbügeln und abkühlen lassen.

2 Dann das Motiv exakt entlang der Außenkonturen ausschneiden und die Papierschicht vom Vliesofix abziehen.

3 Nun das Motiv umdrehen und mit der beschichteten Fläche nach unten auf den gewünschten Stoffuntergrund legen. Bei niedriger bis mittlerer Temperatur und mit Dampf ca. 10 Sekunden aufbügeln. Das Bügeleisen dabei nicht schieben, sondern immer wieder abheben und schrittweise aufdrücken.

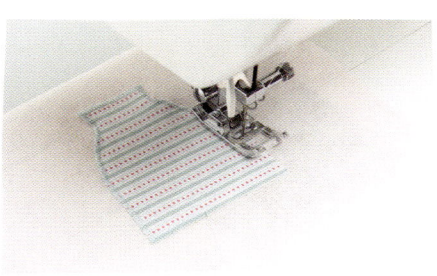

4 Das Motiv entlang der Schnittkanten mit einem kleinen und eng eingestellten Zickzackstich aufnähen und darauf achten, dass die Kanten gleichmäßig schön umschlossen und überdeckt werden. Zum Sichern der Naht keine Rückstiche nähen, sondern den Oberfaden auf die Rückseite ziehen und mit dem Unterfaden verknoten.

STOFFTEILE VERSTÜRZEN

Die Technik des Verstürzens benötigt man, wenn zwei gleiche Stoffteile später rundherum ohne eine Öffnung zusammengenäht sein sollen. Die Kanten können hierbei mit dehnbaren Bändern wie Paspeln, Schrägbändern oder Zackenlitzen betont werden.

1 Zwei Stoffteile zuschneiden und eine Wendeöffnung auf der Nahtzugabe markieren. Sollen schmale Bänder oder Zackenlitzen als Kantenverzierung dienen, muss die Nahtlinie auf die rechte Seite eines der beiden Stoffteile übertragen werden, damit die Verzierung beim Nähen auch mitgefasst wird. Bei breiten Bändern kann stattdessen eine Längskante bündig zur Schnittkante aufgesteckt werden.

2 Die Verzierung ringsum entlang der Nahtlinie auf die rechte Seite eines Stoffteils aufstecken. Benötigt das fertige Modell einen Aufhänger, kann dieser gleich an der Oberseite mitgefasst werden. Das Band oder die Zackenlitze rechts knapp neben der Nahtlinie auf die Nahtzugabe heften und aufnähen.

3 Beide Stoffteile rechts auf rechts aufeinanderlegen und feststecken. Die Teile bis auf die markierte Wendeöffnung ringsum zusammensteppen, nun jedoch links neben der ersten Naht, sodass diese auf der rechten Seite nicht sichtbar ist. Unnötige Nahtzugaben auf ca. 3–7 mm Breite zurückschneiden. An der Öffnung sollten jedoch mindestens 7 mm Zugabe bleiben. Nun die Zugaben schräg abschneiden, einkerben oder einschneiden.

4 Nun das Stoffteil durch die Öffnung wenden, die Nahtränder nach außen ziehen und Ecken und Rundungen in Form bringen. Die Kanten bügeln, dabei darauf achten, dass die Naht genau dazwischenliegt. Die Form eventuell füllen und die Öffnung von Hand z. B. mit Staffierstichen schließen (siehe Seite 127).

PERLENSTICKEREI

Die Verzierungen verleihen sowohl Kleidungsstücken als auch Wohntextilien eine edle Wirkung. Sie können einzeln, in Gruppen oder als Kette aufgenäht werden, am besten mit einem Faden in gleicher Farbe oder ei-nem transparenten Faden. Für Perlen mit sehr kleiner Öffnung verwenden Sie am besten eine lange dünne Perlennadel. Je nach Zweck und gewünschter Optik gibt es verschiedene Möglichkeiten des Aufnähens.

PAILLETTEN

Die Nadel von unten nach oben durch den Stoff und das Paillettenloch ausstechen, dann dicht neben der linken Paillettenkante nach unten einstechen. Erneut durch das Loch nach oben ausstechen und an anderer Stelle neben der Kante wieder nach unten einstechen. Anzahl der Stiche nach Wunsch.

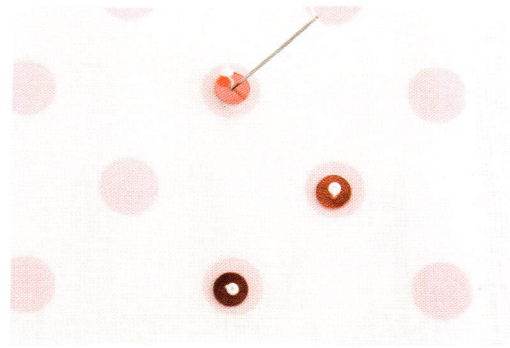

PAILLETTEN MIT PERLEN

Die Nadel von unten nach oben durch den Stoff und das Paillettenloch ausstechen, dann eine kleine Perle, z. B. eine Rocaille, auffädeln. Nun zurück durch das Paillet-tenloch nach unten einstechen.

PERLENREIHE

Die Nadel von unten nach oben durch den Stoff aus-stechen und eine Perle auffädeln, dann hinter der Perle zurück nach unten einstechen. Zwei Perlenlängen weiter vorn wieder nach oben ausstechen und die nächste Perle auffädeln. Falls die Perle, die anschließend aufgenäht wird, eine andere Größe hat, muss dies für den Ausstich entsprechend berücksichtigt werden.

PERLENBAND

Die Bänder können entweder fertig gekauft oder alternativ in der gewünschten Länge selber aufgefädelt werden. Dazu die Perlen (z. B. Pailletten, Stäbchen oder Rocailles) in der erforderlichen Anzahl auf einen stabilen Faden reihen, auf den Stoff legen und mit einem Extrafaden und Überwendlingsstichen aufnähen.

Die Nadel von unten nach oben durch den Stoff stechen und den Faden im rechten Winkel über das Band legen. Dann dicht neben dem Band ein- und nach der nächsten Perle wieder auf der anderen Bandseite ausstechen. Beim Paillettenband den Faden nach jedem Stich zwischen die Pailletten schieben, damit er nicht sichtbar ist. Bei sehr kleinen Perlen wie Rocailles ist das Fixieren je nach Beanspruchung auch in Abständen von ca. 1 cm ausreichend.

STRASSSTEINE

Aufnähstrass gibt es in den unterschiedlichsten Formen, mit und ohne Metallkessel. Damit die Strasssteine aufgenäht werden können, sind sie gelocht oder mit einer tunnelartigen Bohrung versehen, z. B. in Kreuzform. Die Nadel von unten nach oben durch den Stoff stechen und durch eine der Öffnungen des Strasssteins führen, dann hinter dem Stein zurück nach unten stechen. In gleicher Richtung drei- bis viermal durch die Öffnung nähen, dann auf die gleiche Weise durch die andere Öffnung nähen.

HANDSTICHE

Nähen und Sticken ergänzen sich wunderbar: Selbst genähte Heimtextilien und Accessoires lassen sich mit gestickten Zierstichen ganz nach Geschmack individuell abrunden. Zum Arbeiten von Hand werden je nach Stoffqualität und Verwendungszweck schlichte Nähgarne oder effektvolle Stick- und Applikationsgarne verwendet. Diese Garne sind aus Natur- oder Kunstfasern wie Baumwolle, Seide, Acryl und Polyester hergestellt.

Für auffällige Dekorationen eignen sich auch Kordeln und dünne Bänder. Je dicker das Garn für eine Ziernaht gewählt wird, umso plastischer erscheint diese. Kurze Stiche erzeugen eine haltbarere Naht als lange. Nach jedem Stich sollte der Faden gleichmäßig festgezogen werden, sodass er weder zu fest noch zu lose liegt und sich dem Stoff anpasst.

HANDNÄHNADEL EINFÄDELN

Den Faden in der gewünschten Länge mit einer scharfen Schere von der Garnrolle abschneiden. Er sollte jedoch nicht länger als ca. 60 cm sein, weil er sich sonst schnell verknoten kann. Ein Fadenende in die geeignete Stick- oder Handnähnadel einfädeln und etwa ein Viertel der Länge durchziehen. Das Einfädeln gelingt leichter, wenn der Faden schräg abgeschnitten und das Ende angefeuchtet wird. Alternativ kann auch ein Nadeleinfädler zu Hilfe genommen werden.

NAHTANFANG

Damit der Faden nicht aus dem Stoff herausrutschen kann, am langen Fadenende einen Knoten schlingen. Dafür zuerst eine Schlaufe legen und das Ende hindurchziehen. Mit der Nadel von unten nach oben durch den Stoff stechen, sodass der Knoten auf der linken Stoffseite liegt. Die meisten Nähte werden mit einem Knoten begonnen, bei sehr dünnen Stoffen sind jedoch zwei übereinanderliegende Rückstiche geeigneter (siehe Seite 127).

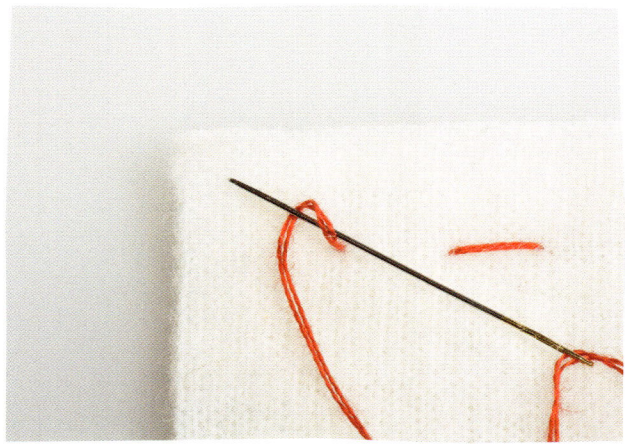

NAHTENDE

Auch das Fadenende wird mit einem Knoten gesichert. Dafür eine Schlaufe über die Nadel legen und diese durchziehen, sodass ein Knoten entsteht. Alternativ ein bis zwei kleine Rückstiche arbeiten (siehe Seite 127). Das überstehende Fadenende abschneiden.

DURCHSCHLAGSTICH

Das Durchschlagen ist eine sehr präzise Methode, um Schnittkonturen und Markierungen gleichzeitig auf rechte und linke Seiten von zwei oder mehreren Stoffteilen zu übertragen.

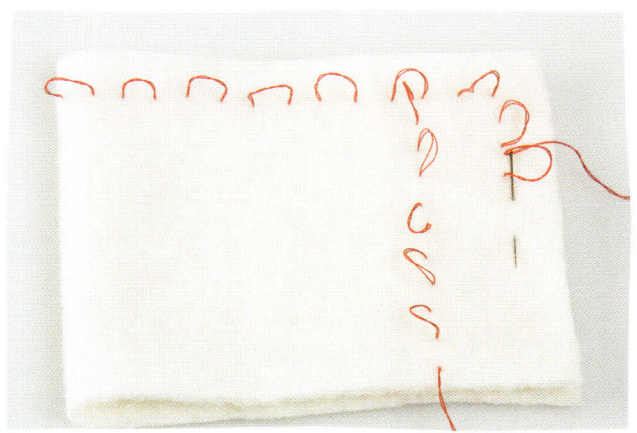

1 Zunächst den Schnitt wie bei doppelter Stofflage übertragen. Statt die zuerst kopierten Linien ein weiteres Mal nachzurädeln, werden nun entlang dieser Linien mit doppeltem Faden Stiche durch alle Stofflagen genäht. Dafür eine gut sichtbare Garnfarbe wählen und wie beim Heftstich (siehe Seite 126) einmal von oben nach unten und ein Stück weiter von unten nach oben durch den Stoff stechen. An geraden Linien normale, in Rundungen kürzere Stiche arbeiten. Dabei den Faden nicht straffziehen, sondern auf der Oberseite je nach Stoffdicke ca. 1,5–2,5 cm hohe Schlingen stehen lassen.

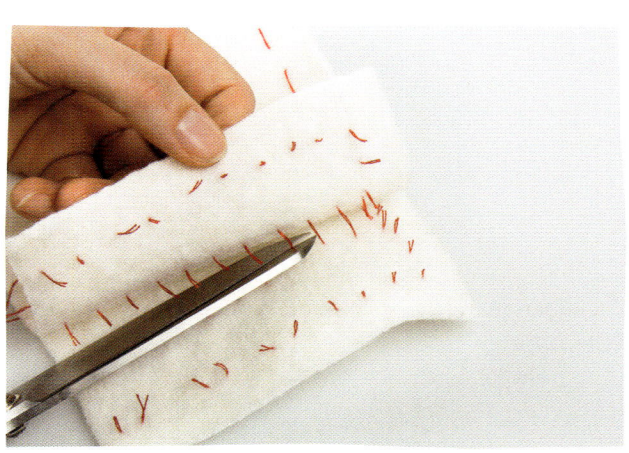

2 Die Stofflagen vorsichtig auseinanderziehen und die Fäden dazwischen durchschneiden, sodass in jeder Lage Garnfransen hängen bleiben. Nun sind alle Stofflagen auf beiden Seiten markiert. Nach dem Heften der Stoffteile die Fransen eventuell mithilfe einer kleinen Pinzette entfernen.

125

HEFT-/VORSTICH

Zum Heften einen speziellen Heftfaden in eine große Handnähnadel einfädeln. Die Nadel wird wie beim Weben gleichmäßig einmal von oben nach unten und dann ein Stück weiter von unten nach oben durch den Stoff gestochen. Heftstiche sind in der Regel ca. 5–10 mm lang, die Zwischenräume meist kürzer. Der Stich kann aber auch auf beiden Stoffseiten gleich lang sein. Wenn die Heftnaht nicht mehr gebraucht wird, lässt sich der Faden leicht wieder herausziehen. Der Vorstich wird wie der Heftstich genäht, die Stiche sind jedoch kürzer. Er eignet sich zum Kräuseln (ohne Sichern von Nahtanfang und -ende), zur Betonung von Konturen, oder, mit Stickgarn gearbeitet, als Zierstich für Kanten und Bordüren.

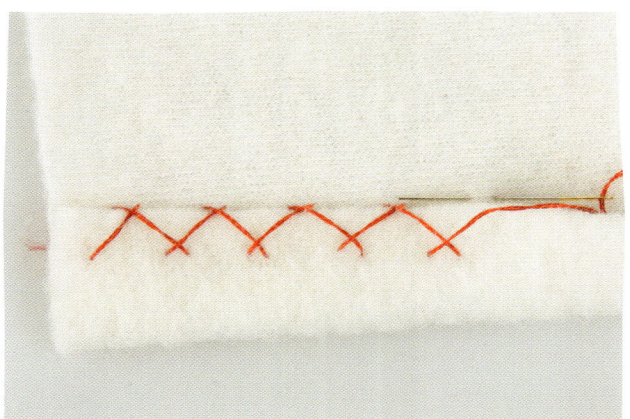

HEXENSTICH

Der Hexenstich wird häufig zum Aufnähen von Bordüren sowie Zacken- und Bogenlitzen mit Stickgarn verwendet. Bei dicken und elastischen Stoffen kann mit diesem Stich auch der Saum schnell befestigt werden, dabei wird von links nach rechts über die Kante gearbeitet. Die kurzen Vorstiche, je nach Stoffstärke 2–4 mm lang, parallel zur Kante und gegen die Nährichtung jeweils oben und unten schräg versetzt arbeiten. Den Faden nicht zu fest anziehen.

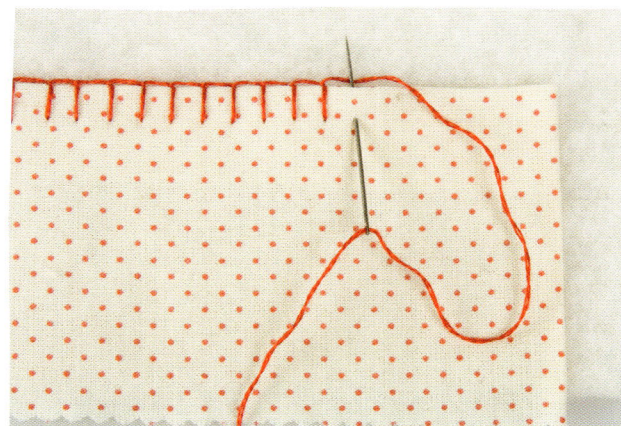

LANGETTENSTICH

Der Langettenstich, auch Feston- oder Schlingstich genannt, eignet sich zum dekorativen Einfassen von Schnittkanten und wird gerne angewendet, um Applikationen oder Bänder aufzunähen. Die Nadel einige Millimeter von der Kante entfernt in den Stoff stechen und rechtwinklig zur Kante führen. Den Faden unterhalb der Kante halten und die Nadel über dem Faden durchführen, sodass sich beim Herausziehen eine Schlinge bildet. Den Faden so anziehen, dass er an der Schnittkante anliegt. Fortlaufend wiederholen. Die Einfassung wirkt abwechslungsreicher, wenn jeder zweite Stich kürzer gearbeitet wird.

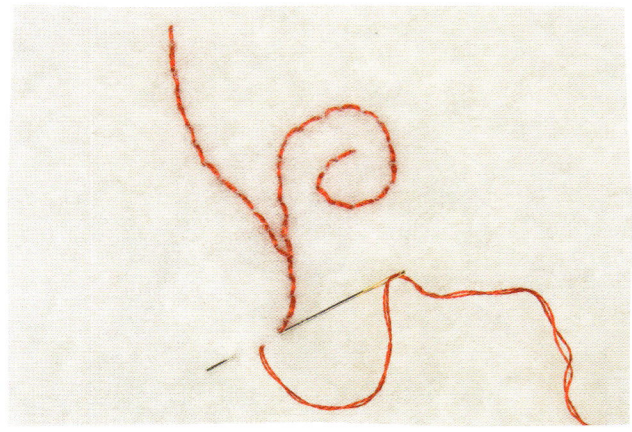

RÜCKSTICH

Mit dem Rückstich gelingt eine stabile Handnaht. Er wird häufig für Konturen und Linien verwendet. Auf der Rückseite sind die Stiche doppelt so lang wie auf der Vorderseite. Von unten nach oben durch den Stoff stechen. Die Nadel eine halbe Stichlänge hinter der Ausstichstelle in den Stoff einstechen und eine halbe Stichlänge vor der Ausstichstelle wieder nach oben führen. Ab jetzt ist die Einstichstelle beim Zurückstechen immer die Ausstichstelle des vorherigen Stiches. Fortlaufend wiederholen.

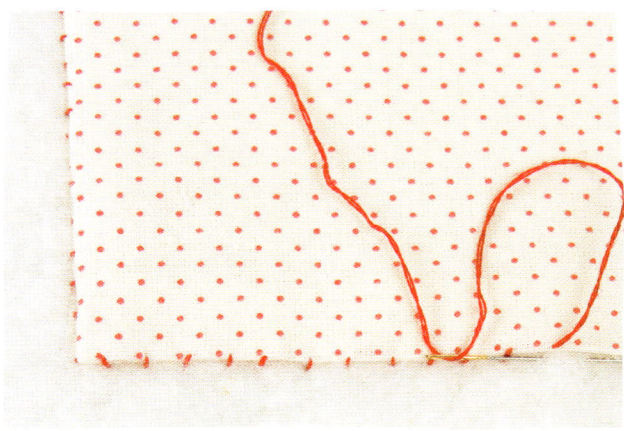

STAFFIERSTICH

Der Staffierstich ist bei Verwendung eines Fadens Ton-in-Ton kaum sichtbar und eignet sich daher besonders gut zum Zusammennähen von zwei eingeschlagenen Stoffkanten, z. B. an einer offenen Nahtstelle, die von innen schwer zugänglich ist. In der Bruchkante des gefalteten Stoffes ausstechen, dann die Nadel direkt gegenüber in den Stoff stechen und nach Stichlänge ausstechen. Den nächsten Stich wieder direkt gegenüber in die Bruchkante einstechen, durchführen und ausstechen. Auf diese Weise abwechselnd durch Stoff und Bruchkante arbeiten. Auch eine Applikation kann mit diesem Stich aufgenäht werden.

SERVICEGARANTIE:

Bei Fragen zu einzelnen Materialien oder Techniken
wenden Sie sich bitte an unseren Kreativservice:
Frau Erika Noll
mail@kreativ-service.info
Telefon 0 50 52 / 91 18 58 *
* (normale Telefongebühr)

Modelle: © Bauer Living KG, Redaktionsagentur deco&style Experts, Burchardstraße 11, 20077 Hamburg

Fotos: © Bauer Living KG, Redaktionsagentur deco&style Experts, Burchardstraße 11, 20077 Hamburg (Modell-Fotos);
Lichtpunkt, Michael Ruder, Stuttgart (alle übrigen)

Produktmanagement: Mareike Upheber
Lektorat: no:vum, Susanne Noll, Hennef
Gestaltung: Ortrud Müller – Die Buchmacher, Köln
Satz: Ortrud Müller – Die Buchmacher, Köln
Druck: GPS Group GmbH, Österreich

3. Auflage 2016

© 2016 **frechverlag** GmbH, Turbinenstraße 7, 70499 Stuttgart

ISBN 978-3-7724-6448-5 • Bestell-Nr. 6448